הגדה של פסח

הסיפור המצויר

ג'ורדן ב' גורפינקל
יוצר, כותב ומפיק

ארז צדוק
מאייר ויוצר קומיקס

דוד אוליבסטון
יועץ בכיר

יוני לביא
עברית מדוברת

ACE AVALANCHE COMICS ENTERTAINMENT

ירושלים קורן

הגדה של פסח - הסיפור המצויר
מהדורה ראשונה, 2019

הוצאת קורן ירושלים
ת״ד 4044 ירושלים 9104001
טל: 02-6330517 פקס: 02-6330534
www.korenpub.com

מסת״ב ISBN 978-965-7760-07-9
נדפס בישראל Printed in Israel 2019

חג פסח שמח לכולם, וברוכים הבאים להגדה של פסח - הסיפור המצויר!
הגדה של פסח
הסיפור המצויר

לפני שנפתח את ליל הסדר ביחד, יש למישהו שאלות?
הגדה של פסח
הסיפור המצויר
לי יש! לי יש!

מתי אוכלים?
שולחן עורך נמצא בעמוד 100. עוד שאלות?
למה אי אפשר לאכול עכשיו?

שאלה טובה. לפני שאענה לך, תני גם לי לשאול אותך שאלה: מה אנו חוגגים בליל הסדר?
חירות...?

נכון! הלילה אנו מנציחים
את המסע שלנו מחרפת
העבדות למקום של שבח
לא-ל על חירותנו
ועל שחרורנו משעבוד ניצחי.
אכן, היינו אמורים לאכול מיד.
לפני 2000 שנה, בבית המקדש
בירושלים, חגגנו את הפסח
באמצעות קיום מצוות הקרבת
שה כקורבן הפסח
כמו שכתוב בספר שמות.
אנחנו
לא כבשים,
נכון?
לא, לא,
אל דאגה.
אנחנו מוגנים...
בינתיים...
ההגדה נכתבה בשתי שפות
עתיקות: עברית וארמית...
היא מניחה שלקורא
יש שליטה מלאה
במקורות המקרא
והתלמוד...
ומציגה אירועים לאורך
4000 שנות היסטוריה
יהודית שלא לפי
הסדר הכרונולוגי!
קלינק
קלינק
רגע אחד אנחנו
בתקופת הרומאים...
אנחנו מחברים דור חדש להיסטוריה העשירה שלנו
באמצעות סיפור מצויר, איור הטקסט האותנטי בסגנון
קומיקס, שהוא כידוע המצאה יהודית.
כל מה שאתם צריכים כדי לנהל את
ליל הסדר נמצא כאן בכף ידכם -
מצד ימין הטקסט המקורי של ההגדה,
ומצד שמאל, סיפור מצויר שמאפשר
הקשר והבנה, שם תעברו דרך מגוון
משפחות ועדות המקיימות את הסדר.
והכול כשר...לפסח!
כל פעם שצריך
לקיים טקס, נגיע
וניתן לכם הוראות.
מה נשתנה...
כשר

לאחר חורבן בית המקדש הראשון ובית המקדש השני -
להתכופף!
- פסקה עבודת הקרבנות, אך המשכנו לחגוג את הפסח כתיאטרון סביב שולחן האוכל, שבו משפחות משחזרות את ההיסטוריה שלנו. ואיך אנחנו עושים זאת?
על ידי זה שמשדדים ילדים כמוני לשאול שאלות?
את כל כך חכמה!
ממממפ..
אבל לא רק לילדים יש שאלות. ההגדה מבלבלת גם את המבוגרים.
אחר כך חזרנו ליציאת מצרים...
ואז בחזרה לעתיד... וכך הלאה למשך כל התקופות.
התעייפתי!
אי לכך, הבאנו לכם את **ההגדה של פסח**.
רק שאלות, יקירתי, כמו למשל, ומה פירוש המילה **הגדה**? והתשובה היא... **לספר סיפור**.
אתה יודע שאף אחד כבר לא משתמש בביטוי "אי לכך".
הגדה של פסח
הסיפור המצויר
איך זה?
חשבתי שאני זאת שאמורה לשאול את השאלות.
את צודקת. יש לך עוד שאלות לסיום?
גררר...
גררר...
בואו נתחיל את ליל הסדר.
לא, זה בעמוד 89.
הללויה!

קערה

אלה המאכלים הסמליים שאנו מניחים בקערת הסדר שלנו.
כאן יש זרוע צלויה שמזכירה לנו את קורבן הפסח שאלוהים ציווה אותנו לאכול.
שם חג הפסח קשור לקורבן הפסח, השה שהיה מוגש כמנה העיקרית של סעודת ליל הסדר בירושלים בתקופת בית המקדש.
זה נראה כמו זרוע נטויה, ומסמל את הקשר הנצחי בינינו לבין אלוהים.
כאן יש ביצה צלויה זכר לקורבן החגיגה.
החזרת היא ירק עלים מר, כמו חסה.
פסח
כאן יש מרור, ירק שורש מר, ממש שורף את הפה!
הכרפס הוא ירק שתפקידו לסמל התחדשות. נוהגים להשתמש בפטרוזיליה, סלרי או תפוח אדמה מבושל.
ושם יש חרוסת, שמסמלת את הטיט שממנו היינו עושים לבנים כשהיינו משועבדים במצרים. קיימים מגוון מתכונים ומרקמים לחרוסת, למשל, ערבוב תפוחים ואגוזי מלך ביין מתוק ותבלינים.
ואל תשכחו את הפריטים הנוספים שנצטרך בליל הסדר - ערימה של שלוש מצות, קערת מי מלח להטבלה, יין או מיץ ענבים.

סדר

קדש 6
ורחץ 9
כרפס 10
יחץ 11
מגיד 12
רחצה 96
מוציא מצה 97
מרור 98
כורך 99
שלחן עורך 100
צפון 101
ברך 102
הלל 112
נרצה 130

קדש

בשבת אומרים:

וַיְהִי־עֶרֶב וַיְהִי־בֹקֶר

יוֹם הַשִּׁשִּׁי:

וַיְכֻלּוּ הַשָּׁמַיִם וְהָאָרֶץ וְכָל־צְבָאָם:

וַיְכַל אֱלֹהִים בַּיּוֹם הַשְּׁבִיעִי מְלַאכְתּוֹ אֲשֶׁר עָשָׂה:

וַיִּשְׁבֹּת בַּיּוֹם הַשְּׁבִיעִי מִכָּל־מְלַאכְתּוֹ אֲשֶׁר עָשָׂה:

וַיְבָרֶךְ אֱלֹהִים אֶת־יוֹם הַשְּׁבִיעִי, וַיְקַדֵּשׁ אֹתוֹ:

כִּי בוֹ שָׁבַת מִכָּל־מְלַאכְתּוֹ, אֲשֶׁר־בָּרָא אֱלֹהִים, לַעֲשׂוֹת:

ביום חול מתחילים כאן:

סברי מרנן

בָּרוּךְ אַתָּה יהוה אֱלֹהֵינוּ מֶלֶךְ הָעוֹלָם בּוֹרֵא פְּרִי הַגָּפֶן.

בשבת מוסיפים את המילים בסוגריים

בָּרוּךְ אַתָּה יהוה אֱלֹהֵינוּ מֶלֶךְ הָעוֹלָם, אֲשֶׁר בָּחַר
בָּנוּ מִכָּל עָם, וְרוֹמְמָנוּ מִכָּל לָשׁוֹן, וְקִדְּשָׁנוּ בְּמִצְוֹתָיו
וַתִּתֶּן לָנוּ יהוה אֱלֹהֵינוּ בְּאַהֲבָה (שַׁבָּתוֹת לִמְנוּחָה
וּ)מוֹעֲדִים לְשִׂמְחָה, חַגִּים וּזְמַנִּים לְשָׂשׂוֹן, אֶת
יוֹם (הַשַּׁבָּת הַזֶּה וְאֶת יוֹם) חַג הַמַּצּוֹת הַזֶּה
זְמַן חֵרוּתֵנוּ (בְּאַהֲבָה) מִקְרָא קֹדֶשׁ
זֵכֶר לִיצִיאַת מִצְרָיִם, כִּי בָנוּ
בָחַרְתָּ וְאוֹתָנוּ קִדַּשְׁתָּ
מִכָּל הָעַמִּים, (וְשַׁבָּת)
וּמוֹעֲדֵי קָדְשֶׁךָ
(בְּאַהֲבָה וּבְרָצוֹן)
בְּשִׂמְחָה וּבְשָׂשׂוֹן הִנְחַלְתָּנוּ.
בָּרוּךְ אַתָּה יהוה, מְקַדֵּשׁ (הַשַּׁבָּת וְ)יִשְׂרָאֵל וְהַזְּמַנִּים.

במוצאי שבת מוסיפים:

בָּרוּךְ אַתָּה יהוה אֱלֹהֵינוּ מֶלֶךְ הָעוֹלָם, בּוֹרֵא מְאוֹרֵי הָאֵשׁ.

בָּרוּךְ אַתָּה יהוה אֱלֹהֵינוּ מֶלֶךְ הָעוֹלָם
הַמַּבְדִּיל בֵּין קֹדֶשׁ לְחֹל
בֵּין אוֹר לְחֹשֶׁךְ
בֵּין יִשְׂרָאֵל לָעַמִּים
בֵּין יוֹם הַשְּׁבִיעִי לְשֵׁשֶׁת יְמֵי הַמַּעֲשֶׂה
בֵּין קְדֻשַּׁת שַׁבָּת לִקְדֻשַּׁת יוֹם טוֹב הִבְדַּלְתָּ
וְאֶת יוֹם הַשְּׁבִיעִי מִשֵּׁשֶׁת יְמֵי הַמַּעֲשֶׂה קִדַּשְׁתָּ
הִבְדַּלְתָּ וְקִדַּשְׁתָּ אֶת עַמְּךָ יִשְׂרָאֵל בִּקְדֻשָּׁתֶךָ.
בָּרוּךְ אַתָּה יהוה הַמַּבְדִּיל בֵּין קֹדֶשׁ לְקֹדֶשׁ.

שותים בהסבת שמאל

בָּרוּךְ אַתָּה יהוה
אֱלֹהֵינוּ מֶלֶךְ הָעוֹלָם
שֶׁהֶחֱיָנוּ וְקִיְּמָנוּ וְהִגִּיעָנוּ
לַזְּמַן הַזֶּה.

ורחץ

כולם נוטלים ידיים עם נטלה.
יש ליטול ידיים בכיור או ליד השולחן תוך שימוש בשתי קערות, אחת למים נקיים ושנייה לאיסוף המים המשומשים.
שפכו את המים שבנטלה על כל יד...
קודם ימין...
אחר כך שמאל...
כך היו אבותינו מטהרים את ידיהם לפני אכילת סעודת קודש.
לא מברכים כי הנטילה הזו היא טקסית בלבד. אחר כך כשניטול לפני אכילת המצה, נברך.

כרפס

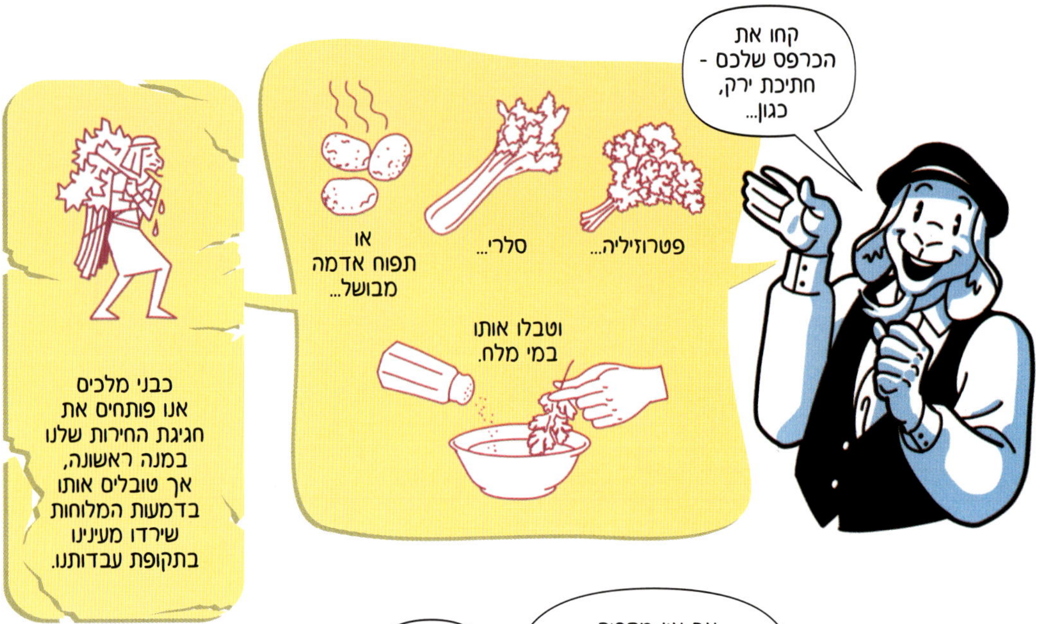

בָּרוּךְ אַתָּה יהוה
אֱלֹהֵינוּ מֶלֶךְ הָעוֹלָם
בּוֹרֵא פְּרִי הָאֲדָמָה.

יחץ

אנחנו יוצרים ערימה משלוש מצות שלמות שמסמלות את שלושת המשפחות בעם ישראל...
הכוהנים המשרתים במקדש...
הלוויים המסייעים להם...
והישראלים - הקהל הרחב.
כדי לבצע את **היחץ** הוציאו את המצה האמצעית וחצו אותה לשני חלקים.
עלינו להישבר על מנת להיבנות מחדש.
קחו את החלק הגדול יותר ועטפו אותו במשהו שיגן עליו כמו מפית או תיק מבד. מצה זו מכונה האפיקומן.
אפיקומן
כשהילדים לא מסתכלים, החביאו את האפיקומן כדי שימצאו אותו, ויחזירו אותו תמורת פרס, כמובן.
יש משפחות שעושות ההיפך. הילדים גונבים את האפיקומן ומחביאים אותו. אם המבוגר אינו מצליח למצוא אותו - הילדים מוכנים למסור אותו תמורת מתנה.
החזירו את החלק הקטן של המצה לאמצע ערימת המצות, בין שתי המצות השלמות שנשארו. את אלה נאכל מאוחר יותר כפתיחה לסעודה החגיגית.
אנחנו מתקרבים לחלק הבא, **מגיד**, סיפור ההגדה של פסח. שתפו את כולם! קראו את הטקסט בקול יחדיו או בקשו מכל אחד לקרוא קטע בתורו.
קדימה, חמוד.
אני ראשון!
היו יצירתיים! זכרו, אין דרך לא נכונה לספר את הסיפור, כל עוד עושים את זה באופן שאפשר לכולם להבין.
אנחנו פותחים בעמוד הבא בקטע "הא לחמא עניא" - זהו לחם העוני- כיוון שבתור עבדים, אין לנו זמן לאפשר לבצק שלנו לתפוח.
מאוחר יותר, אחרי שנצא לחירות, נאכל מצה כלחם הגאולה! אבל בינתיים -
הסירו את הכיסוי מהמצות ואפשרו לכולם לראות אותן. ישנם הנוהגים להרים גם את כל קערת הסדר.

מגיד

הָא

לַחְמָא עַנְיָא

דִּי אֲכַלוּ אֲבָהָתַנָא בְּאַרְעָא דְמִצְרָיִם
כָּל דִּכְפִין יֵיתֵי וְיֵכֻל
כָּל דִּצְרִיךְ יֵיתֵי וְיִפְסַח

המצה...
...הזו היא לחם העוני...
שאכלו אבותינו
בארץ מצרים.
כל מי שרעב...
מוזמן
לבוא ולאכול
איתנו.
כל מי
שנצרך...
יבוא
ויחגוג איתנו
את הפסח.

הָשַׁתָּא הָכָא
לַשָּׁנָה הַבָּאָה בְּאַרְעָא דְיִשְׂרָאֵל
הָשַׁתָּא עַבְדֵי
לַשָּׁנָה הַבָּאָה בְּנֵי חוֹרִין.

השנה אנחנו עדיין כאן.
בשנה הבאה, הלוואי שנזכה להיות בארץ ישראל!
השנה אנחנו עדיין לא אחראים על גורלנו.
בשנה הבאה...
מי ייתן ונהיה חופשיים.

מַה נִּשְׁתַּנָּה

הַלַּיְלָה הַזֶּה מִכָּל הַלֵּילוֹת

שֶׁבְּכָל הַלֵּילוֹת אָנוּ אוֹכְלִין חָמֵץ וּמַצָּה
הַלַּיְלָה הַזֶּה כֻּלּוֹ מַצָּה

שֶׁבְּכָל הַלֵּילוֹת אָנוּ אוֹכְלִין שְׁאָר יְרָקוֹת
הַלַּיְלָה הַזֶּה מָרוֹר

שֶׁבְּכָל הַלֵּילוֹת אֵין אָנוּ מַטְבִּילִין אֲפִלּוּ פַּעַם אֶחָת
הַלַּיְלָה הַזֶּה שְׁתֵּי פְעָמִים

שֶׁבְּכָל הַלֵּילוֹת אָנוּ אוֹכְלִין בֵּין יוֹשְׁבִין וּבֵין מְסֻבִּין
הַלַּיְלָה הַזֶּה כֻּלָּנוּ מְסֻבִּין

מה נשתנה הלילה הזה מכל הלילות!

עֲבָדִים הָיִינוּ

לְפַרְעֹה בְּמִצְרָיִם
וַיּוֹצִיאֵנוּ יהוה אֱלֹהֵינוּ מִשָּׁם
בְּיָד חֲזָקָה וּבִזְרוֹעַ נְטוּיָה.

עבדים היינו
לפרעה במצרים.
אבל אלוהים הוציא אותנו משם בחזקה...
ובצורה עצמתית.

וְאִלּוּ לֹא הוֹצִיא הַקָּדוֹשׁ בָּרוּךְ
הוּא אֶת אֲבוֹתֵינוּ מִמִּצְרַיִם
הֲרֵי אָנוּ וּבָנֵינוּ וּבְנֵי בָנֵינוּ
מְשֻׁעְבָּדִים הָיִינוּ לְפַרְעֹה
בְּמִצְרָיִם.

אם הקדוש ברוך הוא
לא היה מוציא את
אבותינו ממצרים...
הרי אנו...
ובנינו...
ובני בנינו משועבדים היינו
לפרעה במצרים.

וַאֲפִלּוּ
כֻּלָּנוּ חֲכָמִים
כֻּלָּנוּ נְבוֹנִים
כֻּלָּנוּ זְקֵנִים
כֻּלָּנוּ יוֹדְעִים אֶת הַתּוֹרָה
מִצְוָה עָלֵינוּ לְסַפֵּר בִּיצִיאַת מִצְרָיִם

ואפילו...
...אם כולנו חכמים, נבונים, למודי ניסיון כזקנים,
יודעים את הלכות התורה...
כתר תורה
עדיין מוטלת עלינו המצווה לספר
את סיפור יציאת מצרים בכל שנה.

וְכָל הַמַּרְבֶּה לְסַפֵּר בִּיצִיאַת מִצְרַיִם
הֲרֵי זֶה מְשֻׁבָּח.

מַעֲשֶׂה

בְּרַבִּי אֱלִיעֶזֶר
וְרַבִּי יְהוֹשֻׁעַ
וְרַבִּי אֶלְעָזָר בֶּן עֲזַרְיָה
וְרַבִּי עֲקִיבָא וְרַבִּי טַרְפוֹן
שֶׁהָיוּ מְסֻבִּין בִּבְנֵי בְרַק

וככל שנרחיב ונספר על
גדולת הנס שביציאת מצרים...
הרי זה משובח.
מעשה בחמישה מחכמי ישראל,
רבי אליעזר, רבי יהושע,
רבי אלעזר בן עזריה,
רבי עקיבא ורבי טרפון שעשו יחד
את סדר הפסח בבני ברק.

וְהָיוּ מְסַפְּרִים בִּיצִיאַת מִצְרַיִם
כָּל אוֹתוֹ הַלַּיְלָה
עַד שֶׁבָּאוּ תַלְמִידֵיהֶם וְאָמְרוּ לָהֶם
רַבּוֹתֵינוּ
הִגִּיעַ זְמַן קְרִיאַת שְׁמַע שֶׁל שַׁחֲרִית.

אָמַר רַבִּי אֶלְעָזָר בֶּן עֲזַרְיָה
הֲרֵי אֲנִי כְּבֶן שִׁבְעִים שָׁנָה
וְלֹא זָכִיתִי שֶׁתֵּאָמֵר יְצִיאַת מִצְרַיִם בַּלֵּילוֹת

כל אותו הלילה
הם דנו בהתלהבות
בסיפור יציאת מצרים...
עד שבאו תלמידיהם
ואמרו להם:
רבותינו,
הגיע כבר הבוקר
וצריך לומר
"קריאת שמע"!
אמר (להם) רבי אלעזר בן עזריה:
אני כמו
בן שבעים
שנה...
ועדיין לא
מצאתי הוכחה לכך
שצריך להזכיר את
סיפור יציאת מצרים גם
בתפילת ערבית...

עַד שֶׁדְּרָשָׁהּ בֶּן זוֹמָא
שֶׁנֶּאֱמַר
לְמַעַן תִּזְכֹּר אֶת־יוֹם צֵאתְךָ מֵאֶרֶץ מִצְרַיִם
כֹּל יְמֵי חַיֶּיךָ:

יְמֵי חַיֶּיךָ   הַיָּמִים
כֹּל יְמֵי חַיֶּיךָ   הַלֵּילוֹת.

וַחֲכָמִים אוֹמְרִים
יְמֵי חַיֶּיךָ   הָעוֹלָם הַזֶּה
כֹּל יְמֵי חַיֶּיךָ   לְהָבִיא לִימוֹת הַמָּשִׁיחַ.

"...עד ששמעתי את ההסבר של רבי שמעון בן זומא..."
כתוב בתורה: "לְמַעַן תִּזְכֹּר אֶת־יוֹם צֵאתְךָ מֵאֶרֶץ מִצְרַיִם כֹּל יְמֵי חַיֶּיךָ"1
דברים ט"ז, ג
אם היה כתוב רק "ימי חייך" - היה משמע שמצווה להזכיר רק בימים.
"**כל** ימי חייך" מלמד שמצווה לספר גם בלילה.
שאר חכמי ישראל הבינו את הפסוק אחרת:
"ימי חייך" מתייחס...
לעולם הזה - התקופה שלנו.
"כל ימי חייך" מלמד - ש**גם** בעתיד נזכיר את יציאת מצרים.

בָּרוּךְ הַמָּקוֹם

בָּרוּךְ הוּא

בָּרוּךְ שֶׁנָּתַן תּוֹרָה לְעַמּוֹ יִשְׂרָאֵל

בָּרוּךְ הוּא

ברוך המקום, ברוך הוא
יבורך אלוהים...
ברוך הוא...
יבורך אלוהים שנתן את התורה לעמו ישראל...
ברוך הוא.

כְּנֶגֶד

אַרְבָּעָה בָּנִים דִּבְּרָה תוֹרָה

אֶחָד

חָכָם

וְאֶחָד

רָשָׁע

וְאֶחָד

תָּם

וְאֶחָד

שֶׁאֵינוֹ יוֹדֵעַ לִשְׁאֹל

התורה רומזת לארבעה סוגים של ילדים:

חָכָם

מַה הוּא אוֹמֵר?

מָה הָעֵדֹת וְהַחֻקִּים וְהַמִּשְׁפָּטִים
אֲשֶׁר צִוָּה יהוה אֱלֹהֵינוּ אֶתְכֶם:

וְאַף אַתָּה אֱמָר לוֹ כְּהִלְכוֹת הַפֶּסַח
אֵין מַפְטִירִין אַחַר הַפֶּסַח אֲפִיקוֹמָן.

חכם מה הוא אומר?
מה הם...
המצוות...
והמנהגים...
והמשפטים...
...שאלוהים ציווה אותנו?[1]
[1] דברים ט״ז, ג
ואתה הורֶה, לַמֵּד אותו את כל הלכות הפסח...
אפיקומן
...כולל ההלכה האחרונה של הסדר - שאין לאכול אפיקומן, כלומר, קינוח, אחר אכילת קורבן פסח.
אפיקומן

רָשָׁע

מַה הוּא אוֹמֵר?
מָה הָעֲבֹדָה הַזֹּאת לָכֶם:
לָכֶם וְלֹא לוֹ
וּלְפִי שֶׁהוֹצִיא אֶת עַצְמוֹ מִן הַכְּלָל
כָּפַר בָּעִקָּר
וְאַף אַתָּה הַקְהֵה אֶת שִׁנָּיו, וֶאֱמָר לוֹ
בַּעֲבוּר זֶה עָשָׂה יהוה לִי בְּצֵאתִי מִמִּצְרָיִם:
לִי וְלֹא לוֹ
אִלּוּ הָיָה שָׁם, לֹא הָיָה נִגְאָל.

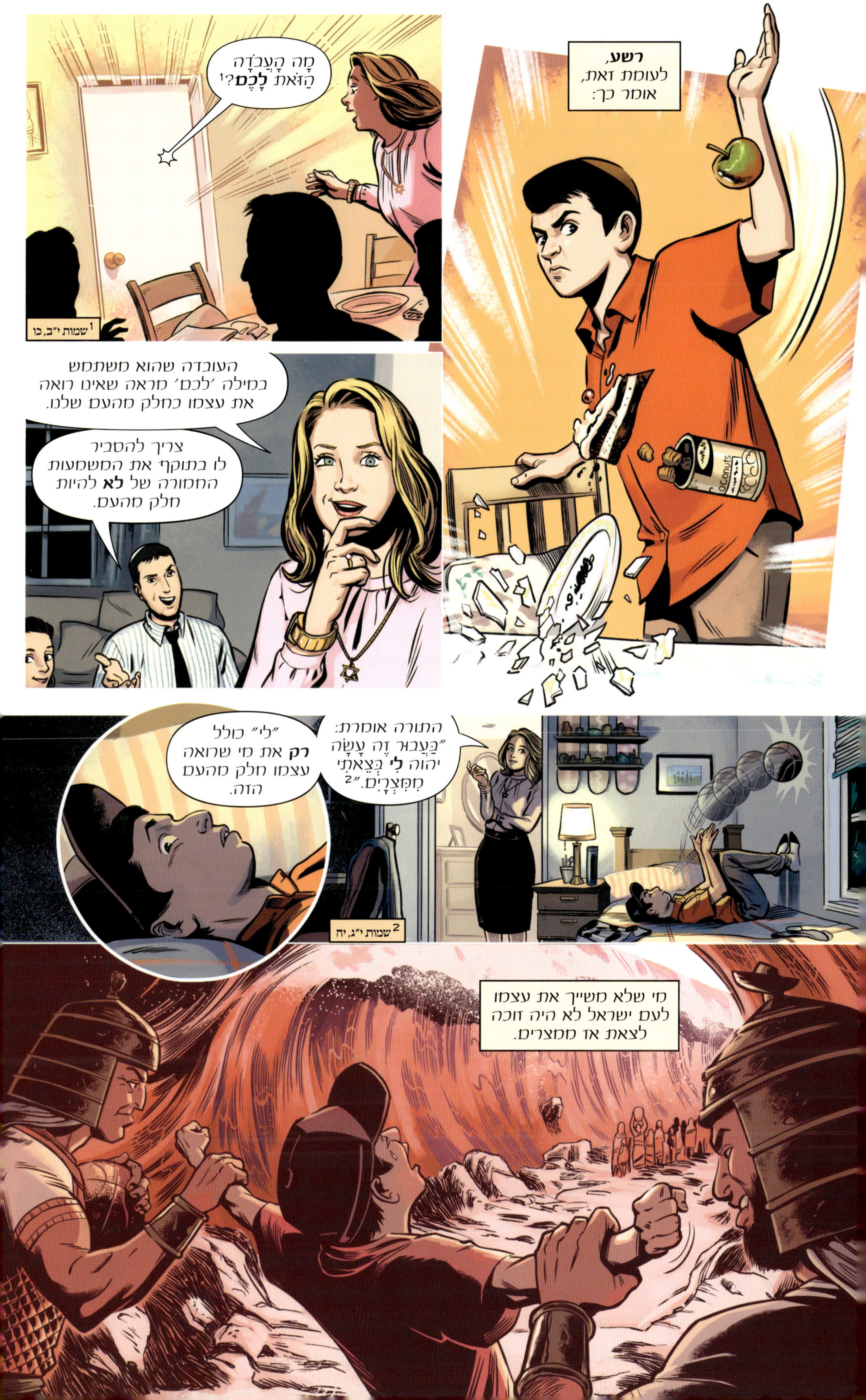

רשע, לעומת זאת, אומר כך:
מָה הָעֲבֹדָה הַזֹּאת לָכֶם?1
1 שמות י"ב, כו
העובדה שהוא משתמש במילה 'לכם' מראה שאינו רואה את עצמו כחלק מהעם שלנו.
צריך להסביר לו בתוקף את המשמעות החמורה של לא להיות חלק מהעם.
התורה אומרת: "בַּעֲבוּר זֶה עָשָׂה יהוה לִי בְּצֵאתִי מִמִּצְרָיִם."2
"לי" כולל רק את מי שרואה עצמו חלק מהעם הזה.
2 שמות י"ג, ח
מי שלא משייך את עצמו לעם ישראל לא היה זוכה לצאת אז ממצרים.

תָּם

מַה הוּא אוֹמֵר?

מַה־זֹּאת

וְאָמַרְתָּ אֵלָיו
בְּחֹזֶק יָד הוֹצִיאָנוּ יהוה מִמִּצְרַיִם
מִבֵּית עֲבָדִים:

וְשֶׁאֵינוֹ יוֹדֵעַ לִשְׁאֹל

אַתְּ פְּתַח לוֹ

שֶׁנֶּאֱמַר

וְהִגַּדְתָּ לְבִנְךָ
בַּיּוֹם הַהוּא לֵאמֹר
בַּעֲבוּר זֶה עָשָׂה יהוה לִי
בְּצֵאתִי מִמִּצְרָיִם:

תם מה הוא אומר?
מַה זֹּאת?[1]
וְאָמַרְתָּ אֵלָיו...
1 שמות י״ג, יד
בְּחֹזֶק יָד הוֹצִיאָנוּ יהוה מִמִּצְרַיִם מִבֵּית עֲבָדִים![2]
2 שמות י״ג, יד
לילד שאינו יודע לשאול בעצמו, תפתח אתה, ותסביר שכתוב בתורה:
בַּעֲבוּר זֶה...
עָשָׂה יהוה לִי בְּצֵאתִי מִמִּצְרָיִם.[3]
3 שמות י״ג, ח

וְהִגַּדְתָּ לְבִנְךָ –

יָכוֹל מֵרֹאשׁ חֹדֶשׁ

תַּלְמוּד לוֹמַר: בַּיּוֹם הַהוּא.

אִי בַּיּוֹם הַהוּא, יָכוֹל מִבְּעוֹד יוֹם –

תַּלְמוּד לוֹמַר: בַּעֲבוּר זֶה.

בַּעֲבוּר זֶה לֹא אָמַרְתִּי

אֶלָּא בְּשָׁעָה שֶׁיֵּשׁ מַצָּה וּמָרוֹר מֻנָּחִים לְפָנֶיךָ.

מהו הזמן שבו אנחנו מחוייבים לספר לילדינו את סיפור יציאת מצרים?
אולי צריך להתחיל לספר כבר מתחילת חודש ניסן?
התורה מדגישה שהמצווה המיוחדת לספר היא דווקא ביום הפסח, שנאמר: ״ביום ההוא״.
אולי ״ביום ההוא״ הכוונה היא...
מערב החג בצהריים?
לכן התורה אומרת ״בעבור זה״...
כדי שתדע שמדובר...
בליל החג!
בזמן שהמצה והמרור מונחים לפנינו על שולחן הסדר.

מִתְּחִלָּה

עוֹבְדֵי עֲבוֹדָה זָרָה הָיוּ אֲבוֹתֵינוּ

וְעַכְשָׁו

קֵרְבָנוּ הַמָּקוֹם לַעֲבוֹדָתוֹ

שֶׁנֶּאֱמַר
וַיֹּאמֶר יְהוֹשֻׁעַ אֶל־כָּל־הָעָם
כֹּה־אָמַר יהוה אֱלֹהֵי יִשְׂרָאֵל

בראשית
ההיסטוריה
שלנו...
היו אבותינו עובדי אלילים...
אבל עכשיו...
...אלוהים מאפשר
לנו חירות רוחנית.
כמו
שמסופר בתנ"ך:
"וַיֹּאמֶר יְהוֹשֻׁעַ
אֶל־כָּל־הָעָם...
כֹּה־אָמַר
יהוה אֱלֹהֵי
יִשְׂרָאֵל...

בְּעֵבֶר הַנָּהָר יָשְׁבוּ אֲבוֹתֵיכֶם מֵעוֹלָם
תֶּרַח אֲבִי אַבְרָהָם וַאֲבִי נָחוֹר
וַיַּעַבְדוּ אֱלֹהִים אֲחֵרִים:
וָאֶקַּח אֶת־אֲבִיכֶם אֶת־אַבְרָהָם מֵעֵבֶר הַנָּהָר
וָאוֹלֵךְ אוֹתוֹ בְּכָל־אֶרֶץ כְּנָעַן

בארץ ארם,
מעבר לנהר...
ישבו אבותיכם,
תרח, שהיה אבי -
אברהם...
ואבי נחור.
כולם שם נהגו
לסגוד לאלילים...
עד שלקחתי את אביכם...
את
אברהם...
מעבר הנהר...
והולכתי
אותו משם...
...בכל ארץ כנען.1
1 יהושע כ"ד, ב'

וָאַרְבֶּ אֶת־זַרְעוֹ, וָאֶתֶּן־לוֹ אֶת־יִצְחָק:
וָאֶתֵּן לְיִצְחָק אֶת־יַעֲקֹב וְאֶת־עֵשָׂו
וָאֶתֵּן לְעֵשָׂו אֶת־הַר שֵׂעִיר לָרֶשֶׁת אוֹתוֹ

וְיַעֲקֹב וּבָנָיו יָרְדוּ מִצְרָיִם:

שם נתתי לו צאצאים רבים...
וָאֶתֵּן־לוֹ אֶת־יִצְחָק.
וָאֶתֵּן לְיִצְחָק אֶת־יַעֲקֹב וְאֶת־עֵשָׂו.
וָאֶתֵּן לְעֵשָׂו אֶת־הַר שֵׂעִיר לָרֶשֶׁת אוֹתוֹ.
וְיַעֲקֹב וּבָנָיו יָרְדוּ מִצְרָיִם.[1]

[1] יהושע כ"ד, ב

בָּרוּךְ שׁוֹמֵר הַבְטָחָתוֹ לְיִשְׂרָאֵל

בָּרוּךְ הוּא.
שֶׁהַקָּדוֹשׁ בָּרוּךְ הוּא חִשַּׁב אֶת הַקֵּץ
לַעֲשׂוֹת כְּמָה שֶׁאָמַר לְאַבְרָהָם אָבִינוּ
בִּבְרִית בֵּין הַבְּתָרִים
שֶׁנֶּאֱמַר
וַיֹּאמֶר לְאַבְרָם
יָדֹעַ תֵּדַע כִּי־גֵר יִהְיֶה זַרְעֲךָ בְּאֶרֶץ לֹא לָהֶם
וַעֲבָדוּם וְעִנּוּ אֹתָם
אַרְבַּע מֵאוֹת שָׁנָה:
וְגַם אֶת־הַגּוֹי אֲשֶׁר יַעֲבֹדוּ דָּן אָנֹכִי

וְאַחֲרֵי־כֵן יֵצְאוּ בִּרְכֻשׁ גָּדוֹל:

[1] בראשית ט״ו, יג-יד

וְהִיא שֶׁעָמְדָה

לַאֲבוֹתֵינוּ וְלָנוּ

שֶׁלֹּא אֶחָד בִּלְבָד עָמַד עָלֵינוּ לְכַלּוֹתֵנוּ

אֶלָּא שֶׁבְּכָל דּוֹר וָדוֹר עוֹמְדִים עָלֵינוּ לְכַלּוֹתֵנוּ

וְהַקָּדוֹשׁ בָּרוּךְ הוּא מַצִּילֵנוּ מִיָּדָם

ההבטחה של
אלוהים לאברהם,
עמדה לצידנו לאורך
כל ההיסטוריה.
לא עם אחד
ולא שניים ניסו לכלות
ולהשמיד אותנו,
אלא...
בכל דור
מחדש מנסים
לפגוע בנו -
בעם היהודי.
והקדוש...
ברוך
הוא...
מצילנו
מידם.

צֵא וּלְמַד

מַה בִּקֵּשׁ לָבָן הָאֲרַמִּי
לַעֲשׂוֹת לְיַעֲקֹב אָבִינוּ
שֶׁפַּרְעֹה לֹא גָזַר
אֶלָּא עַל הַזְּכָרִים
וְלָבָן בִּקֵּשׁ לַעֲקֹר אֶת הַכֹּל
שֶׁנֶּאֱמַר

בואו
ושמעו...
מה זמם לבן הארמי
לעשות ליעקב אבינו.
פרעה זמם להרוג
רק את הזכרים שלנו...
אבל לבן רצה
לחסל את **כולם**.
כמו
שמסופר
בתורה...

אֲרַמִּי אֹבֵד אָבִי
וַיֵּרֶד מִצְרַיְמָה, וַיָּגָר שָׁם
בִּמְתֵי מְעָט, וַיְהִי־שָׁם לְגוֹי
גָּדוֹל עָצוּם וָרָב:

וַיֵּרֶד מִצְרַיְמָה

אָנוּס עַל פִּי הַדִּבּוּר.

וַיָּגָר שָׁם

מְלַמֵּד שֶׁלֹּא יָרַד יַעֲקֹב אָבִינוּ
לְהִשְׁתַּקֵּעַ בְּמִצְרַיִם, אֶלָּא לָגוּר שָׁם
שֶׁנֶּאֱמַר
וַיֹּאמְרוּ אֶל־פַּרְעֹה לָגוּר בָּאָרֶץ בָּאנוּ
כִּי־אֵין מִרְעֶה לַצֹּאן אֲשֶׁר לַעֲבָדֶיךָ
כִּי־כָבֵד הָרָעָב בְּאֶרֶץ כְּנָעַן
וְעַתָּה יֵשְׁבוּ־נָא עֲבָדֶיךָ בְּאֶרֶץ גֹּשֶׁן:

בִּמְתֵי מְעָט

כְּמָה שֶׁנֶּאֱמַר
בְּשִׁבְעִים נֶפֶשׁ יָרְדוּ אֲבֹתֶיךָ מִצְרָיְמָה
וְעַתָּה שָׂמְךָ יהוה אֱלֹהֶיךָ
כְּכוֹכְבֵי הַשָּׁמַיִם לָרֹב:

וַיְהִי־שָׁם לְגוֹי

מְלַמֵּד שֶׁהָיוּ יִשְׂרָאֵל מְצֻיָּנִים שָׁם

גָּדוֹל עָצוּם

כְּמָה שֶׁנֶּאֱמַר
וּבְנֵי יִשְׂרָאֵל פָּרוּ וַיִּשְׁרְצוּ וַיִּרְבּוּ
וַיַּעַצְמוּ בִּמְאֹד מְאֹד וַתִּמָּלֵא הָאָרֶץ אֹתָם:

וָרָב

כְּמָה שֶׁנֶּאֱמַר
רְבָבָה כְּצֶמַח הַשָּׂדֶה נְתַתִּיךְ
וַתִּרְבִּי וַתִּגְדְּלִי, וַתָּבֹאִי בַּעֲדִי עֲדָיִים
שָׁדַיִם נָכֹנוּ וּשְׂעָרֵךְ צִמֵּחַ, וְאַתְּ עֵרֹם וְעֶרְיָה:
וָאֶעֱבֹר עָלַיִךְ וָאֶרְאֵךְ מִתְבּוֹסֶסֶת בְּדָמָיִךְ
וָאֹמַר לָךְ בְּדָמַיִךְ חֲיִי וָאֹמַר לָךְ בְּדָמַיִךְ חֲיִי:

אֲרַמִּי אֹבֵד אָבִי וַיֵּרֶד מִצְרַיְמָה וַיָּגָר שָׁם בִּמְתֵי מְעָט וַיְהִי־שָׁם לְגוֹי גָּדוֹל עָצוּם וָרָב.[1]

[1] דברים כ״ו, ה

וַיָּרֵעוּ אֹתָנוּ הַמִּצְרִים וַיְעַנּוּנוּ וַיִּתְּנוּ עָלֵינוּ עֲבֹדָה קָשָׁה:

וַיָּרֵעוּ אֹתָנוּ הַמִּצְרִים

כְּמָה שֶׁנֶּאֱמַר
הָבָה נִתְחַכְּמָה לוֹ פֶּן־יִרְבֶּה
וְהָיָה כִּי־תִקְרֶאנָה מִלְחָמָה
וְנוֹסַף גַּם־הוּא עַל־שֹׂנְאֵינוּ
וְנִלְחַם־בָּנוּ
וְעָלָה מִן־הָאָרֶץ:

וַיְעַנּוּנוּ

כְּמָה שֶׁנֶּאֱמַר
וַיָּשִׂימוּ עָלָיו שָׂרֵי מִסִּים
לְמַעַן עַנֹּתוֹ בְּסִבְלֹתָם
וַיִּבֶן עָרֵי מִסְכְּנוֹת לְפַרְעֹה
אֶת־פִּתֹם וְאֶת־רַעַמְסֵס:

וַיִּתְּנוּ עָלֵינוּ עֲבֹדָה קָשָׁה

כְּמָה שֶׁנֶּאֱמַר
וַיַּעֲבִדוּ מִצְרַיִם אֶת־בְּנֵי יִשְׂרָאֵל בְּפָרֶךְ:

וַיָּרֵעוּ אֹתָנוּ הַמִּצְרִים וַיְעַנּוּנוּ וַיִּתְּנוּ עָלֵינוּ עֲבֹדָה קָשָׁה.[1]

[1] דברים כ״ו, ו

וַנִּצְעַק אֶל־יהוה אֱלֹהֵי אֲבֹתֵינוּ
וַיִּשְׁמַע יהוה אֶת־קֹלֵנוּ
וַיַּרְא אֶת־עָנְיֵנוּ
וְאֶת־עֲמָלֵנוּ וְאֶת־לַחֲצֵנוּ:

וַנִּצְעַק אֶל־יהוה אֱלֹהֵי אֲבֹתֵינוּ

כְּמָה שֶׁנֶּאֱמַר
וַיְהִי בַיָּמִים הָרַבִּים הָהֵם
וַיָּמָת מֶלֶךְ מִצְרַיִם
וַיֵּאָנְחוּ בְנֵי־יִשְׂרָאֵל מִן־הָעֲבֹדָה
וַיִּזְעָקוּ
וַתַּעַל שַׁוְעָתָם אֶל־הָאֱלֹהִים מִן־הָעֲבֹדָה:

וַיִּשְׁמַע יהוה אֶת־קֹלֵנוּ

כְּמָה שֶׁנֶּאֱמַר
וַיִּשְׁמַע אֱלֹהִים אֶת־נַאֲקָתָם
וַיִּזְכֹּר אֱלֹהִים אֶת־בְּרִיתוֹ
אֶת־אַבְרָהָם אֶת־יִצְחָק וְאֶת־יַעֲקֹב:

וַיַּרְא אֶת־עָנְיֵנוּ

זוֹ פְּרִישׁוּת דֶּרֶךְ אֶרֶץ
כְּמָה שֶׁנֶּאֱמַר
וַיַּרְא אֱלֹהִים אֶת־בְּנֵי יִשְׂרָאֵל
וַיֵּדַע אֱלֹהִים:

וְאֶת־עֲמָלֵנוּ

אֵלּוּ הַבָּנִים
כְּמָה שֶׁנֶּאֱמַר
כָּל־הַבֵּן הַיִּלּוֹד, הַיְאֹרָה תַּשְׁלִיכֻהוּ
וְכָל־הַבַּת תְּחַיּוּן:

וְאֶת־לַחֲצֵנוּ

זֶה הַדְּחַק
כְּמָה שֶׁנֶּאֱמַר
וְגַם־רָאִיתִי אֶת־הַלַּחַץ
אֲשֶׁר מִצְרַיִם לֹחֲצִים אֹתָם:

וַנִּצְעַק אֶל־יהוה אֱלֹהֵי אֲבֹתֵינוּ וַיִּשְׁמַע יהוה אֶת־קֹלֵנוּ
וַיַּרְא אֶת־עָנְיֵנוּ וְאֶת־עֲמָלֵנוּ וְאֶת־לַחֲצֵנוּ.[1]

[1]דברים כ"ו, ז

וַיּוֹצִאֵנוּ יהוה מִמִּצְרַיִם
בְּיָד חֲזָקָה וּבִזְרֹעַ נְטוּיָה
וּבְמֹרָא גָּדֹל
וּבְאֹתוֹת וּבְמֹפְתִים:

וַיּוֹצִאֵנוּ יהוה מִמִּצְרַיִם

לֹא עַל יְדֵי מַלְאָךְ
וְלֹא עַל יְדֵי שָׂרָף
וְלֹא עַל יְדֵי שָׁלִיחַ
אֶלָּא הַקָּדוֹשׁ בָּרוּךְ הוּא בִּכְבוֹדוֹ וּבְעַצְמוֹ

שֶׁנֶּאֱמַר
וְעָבַרְתִּי בְאֶרֶץ־מִצְרַיִם בַּלַּיְלָה הַזֶּה
וְהִכֵּיתִי כָל־בְּכוֹר בְּאֶרֶץ מִצְרַיִם
מֵאָדָם וְעַד־בְּהֵמָה
וּבְכָל־אֱלֹהֵי מִצְרַיִם אֶעֱשֶׂה שְׁפָטִים
אֲנִי יהוה:

וְעָבַרְתִּי בְאֶרֶץ־מִצְרַיִם — אֲנִי וְלֹא מַלְאָךְ
וְהִכֵּיתִי כָל־בְּכוֹר — אֲנִי וְלֹא שָׂרָף
וּבְכָל־אֱלֹהֵי מִצְרַיִם אֶעֱשֶׂה שְׁפָטִים — אֲנִי וְלֹא הַשָּׁלִיחַ
אֲנִי יהוה — אֲנִי הוּא וְלֹא אַחֵר

וַיּוֹצִאֵנוּ יהוה מִמִּצְרַיִם בְּיָד חֲזָקָה וּבִזְרֹעַ נְטוּיָה וּבְמֹרָא גָּדֹל וּבְאֹתוֹת וּבְמֹפְתִים.[1]

[1] דברים כ״ו, ח׳

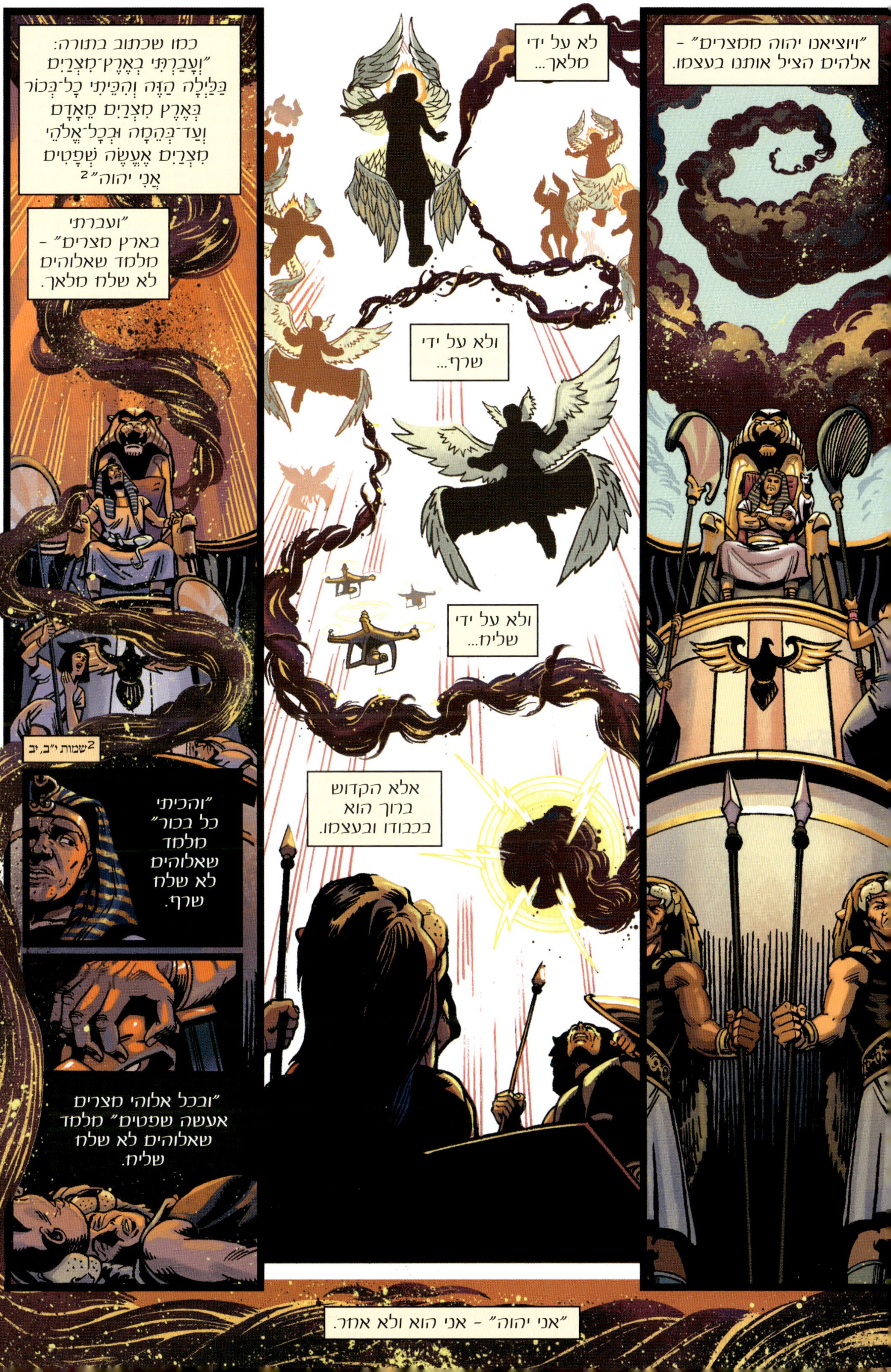

בְּיָד חֲזָקָה

זוֹ הַדֶּבֶר
כְּמָה שֶׁנֶּאֱמַר
הִנֵּה יַד־יהוה
הוֹיָה בְּמִקְנְךָ אֲשֶׁר בַּשָּׂדֶה
בַּסּוּסִים בַּחֲמֹרִים בַּגְּמַלִּים
בַּבָּקָר וּבַצֹּאן
דֶּבֶר כָּבֵד מְאֹד:

וּבִזְרֹעַ נְטוּיָה

זוֹ הַחֶרֶב
כְּמָה שֶׁנֶּאֱמַר
וְחַרְבּוֹ שְׁלוּפָה בְּיָדוֹ
נְטוּיָה עַל־יְרוּשָׁלָם:

וּבְמֹרָא גָּדֹל

זֶה גִּלּוּי שְׁכִינָה
כְּמָה שֶׁנֶּאֱמַר
אוֹ הֲנִסָּה אֱלֹהִים לָבוֹא
לָקַחַת לוֹ גוֹי מִקֶּרֶב גּוֹי
בְּמַסֹּת בְּאֹתֹת וּבְמוֹפְתִים וּבְמִלְחָמָה
וּבְיָד חֲזָקָה
וּבִזְרוֹעַ נְטוּיָה
וּבְמוֹרָאִים גְּדֹלִים
כְּכֹל אֲשֶׁר־עָשָׂה לָכֶם
יהוה אֱלֹהֵיכֶם בְּמִצְרַיִם
לְעֵינֶיךָ:

המילים ״ביד חזקה״
רומזות למכת דבר...
אשר בה היכה אלוהים
את כל בהמות המצרים.1
1 שמות ט׳, ג
המילים ״ובזרוע נטויה״ רומזות למלחמות
שעשה אלהים, כמו שכתוב:
״וְחַרְבּוֹ שְׁלוּפָה בְּיָדוֹ נְטוּיָה עַל־יְרוּשָׁלָיִם״2
2 דברי הימים א׳ כ״א, טז׳
המילים ״ובמורא גדול״
מתייחסות להתגלות שכינת
האל אלינו. כמו שכתוב:
האם אי פעם בהיסטוריה ראינו את אלוהים
מוציא עם לחירות בניסים גדולים,
כמו שהוא עשה לנו?!
בחזקה, בצורה עצמתית
ובאופן פלאי כמו שראינו
במצרים.3
3 דברים ד׳, לד׳

וּבְאֹתוֹת

זֶה הַמַּטֶּה, כְּמָה שֶׁנֶּאֱמַר
וְאֶת־הַמַּטֶּה הַזֶּה תִּקַּח בְּיָדֶךָ
אֲשֶׁר תַּעֲשֶׂה־בּוֹ אֶת־הָאֹתֹת:

וּבְמֹפְתִים

זֶה הַדָּם, כְּמָה שֶׁנֶּאֱמַר
וְנָתַתִּי מוֹפְתִים בַּשָּׁמַיִם וּבָאָרֶץ

דָּם וָאֵשׁ וְתִימְרוֹת עָשָׁן:

דָּבָר אַחֵר

בְּיָד חֲזָקָה שְׁתַּיִם
וּבִזְרֹעַ נְטוּיָה שְׁתַּיִם
וּבְמֹרָא גָּדֹל שְׁתַּיִם
וּבְאֹתוֹת שְׁתַּיִם
וּבְמֹפְתִים שְׁתַּיִם

"ובאותות" רומז למטה של משה. שאיתו עשה מופתים לפני פרעה...
כמו שנאמר: "וְאֶת־הַמַּטֶּה הַזֶּה תִּקַּח בְּיָדֶךָ...
...אֲשֶׁר תַּעֲשֶׂה־בּוֹ אֶת־הָאֹתֹת"[1]
[1] שמות ד׳, יז
המילה "ובמופתים" רומזת למכת דם, כמו שנאמר:
"וְנָתַתִּי מוֹפְתִים בַּשָּׁמַיִם וּבָאָרֶץ...
דָּם...
וָאֵשׁ...
וְתִימְרוֹת עָשָׁן."[2]
[2] יואל ג׳, ג
הסבר נוסף לפסוק הוא שכל ביטוי רומז לשתי מכות:
"בְּיָד חֲזָקָה" - שתים.
"וּבִזְרֹעַ נְטוּיָה" - שתים.
"וּבְמֹרָא גָּדֹל" - שתים.
"וּבְאֹתוֹת" - שתים.
"וּבְמֹפְתִים" - שתים.

אלו עשר מכות שהביא הקדוש ברוך הוא

על המצרים במצרים:

ברד
שחין

ארבה

חושך

אֵלּוּ עֶשֶׂר מַכּוֹת

שֶׁהֵבִיא הַקָּדוֹשׁ בָּרוּךְ הוּא
עַל הַמִּצְרִים בְּמִצְרַיִם
וְאֵלּוּ הֵן

מטיפים יין מן הכוס על כל מכה ומכה ואומרים:

דָּם
צְפַרְדֵּעַ
כִּנִּים
עָרוֹב
דֶּבֶר
שְׁחִין
בָּרָד
אַרְבֶּה
חֹשֶׁךְ
מַכַּת בְּכוֹרוֹת.

מכת בכורות

מטיפים יין מן הכוס על "דצ"ך עד"ש באח"ב" ואומרים:

רַבִּי יְהוּדָה הָיָה נוֹתֵן בָּהֶם סִימָנִים

דְּצַ"ךְ עֲדַ"שׁ בְּאַחַ"ב

רבי יהודה היה נותן בהם סימנים:
דְּצַ"ךְ
עֲדַ"שׁ
בְּאַחַ"ב

רַבִּי יוֹסֵי הַגְּלִילִי אוֹמֵר

מִנַּיִן אַתָּה אוֹמֵר שֶׁלָּקוּ הַמִּצְרִים בְּמִצְרַיִם
עֶשֶׂר מַכּוֹת וְעַל הַיָּם לָקוּ חֲמִשִּׁים מַכּוֹת?
בְּמִצְרַיִם מַה הוּא אוֹמֵר? וַיֹּאמְרוּ הַחַרְטֻמִּם
אֶל־פַּרְעֹה, אֶצְבַּע אֱלֹהִים הִוא: וְעַל הַיָּם
מַה הוּא אוֹמֵר? וַיַּרְא יִשְׂרָאֵל אֶת־הַיָּד הַגְּדֹלָה
אֲשֶׁר עָשָׂה יהוה בְּמִצְרַיִם וַיִּירְאוּ הָעָם
אֶת־יהוה וַיַּאֲמִינוּ בַּיהוה וּבְמֹשֶׁה עַבְדּוֹ:
כַּמָּה לָקוּ בְּאֶצְבַּע? עֶשֶׂר מַכּוֹת. אֱמֹר מֵעַתָּה
בְּמִצְרַיִם לָקוּ עֶשֶׂר מַכּוֹת
וְעַל הַיָּם לָקוּ חֲמִשִּׁים מַכּוֹת.

רַבִּי אֱלִיעֶזֶר אוֹמֵר

מִנַּיִן שֶׁכָּל מַכָּה וּמַכָּה שֶׁהֵבִיא הַקָּדוֹשׁ בָּרוּךְ
הוּא עַל הַמִּצְרִים בְּמִצְרַיִם הָיְתָה שֶׁל אַרְבַּע
מַכּוֹת? שֶׁנֶּאֱמַר: יְשַׁלַּח־בָּם חֲרוֹן אַפּוֹ, עֶבְרָה
וָזַעַם וְצָרָה, מִשְׁלַחַת מַלְאֲכֵי רָעִים:

עֶבְרָה	אַחַת
וָזַעַם	שְׁתַּיִם
וְצָרָה	שָׁלוֹשׁ
מִשְׁלַחַת מַלְאֲכֵי רָעִים	אַרְבַּע

אֱמֹר מֵעַתָּה
בְּמִצְרַיִם לָקוּ אַרְבָּעִים מַכּוֹת
וְעַל הַיָּם לָקוּ מָאתַיִם מַכּוֹת.

רַבִּי עֲקִיבָא אוֹמֵר

מִנַּיִן שֶׁכָּל מַכָּה וּמַכָּה שֶׁהֵבִיא הַקָּדוֹשׁ בָּרוּךְ
הוּא עַל הַמִּצְרִים בְּמִצְרַיִם הָיְתָה שֶׁל חָמֵשׁ
מַכּוֹת? שֶׁנֶּאֱמַר: יְשַׁלַּח־בָּם חֲרוֹן אַפּוֹ, עֶבְרָה
וָזַעַם וְצָרָה, מִשְׁלַחַת מַלְאֲכֵי רָעִים:

חֲרוֹן אַפּוֹ	אַחַת
עֶבְרָה	שְׁתַּיִם
וָזַעַם	שָׁלוֹשׁ
וְצָרָה	אַרְבַּע
מִשְׁלַחַת מַלְאֲכֵי רָעִים	חָמֵשׁ

אֱמֹר מֵעַתָּה
בְּמִצְרַיִם לָקוּ חֲמִשִּׁים מַכּוֹת
וְעַל הַיָּם לָקוּ חֲמִשִּׁים וּמָאתַיִם מַכּוֹת.

רבי יוסי הגלילי אומר:
מהיכן אנו יודעים שנוסף על עשר המכות שהיו במצרים, הטביעה בים סוף היתה שקולה פי חמישה מזה - כחמישים מכות?
על המכות שהיו במצרים אמרו החרטומים:
"אֶצְבַּע אֱלֹהִים הִוא"[1]
1 שמות ח', טו
ואילו על המכות שנתן אלוהים למצרים על הים נאמר:
"וַיַּרְא יִשְׂרָאֵל אֶת־הַיָּד הַגְּדֹלָה" - וביד יש חמש אצבעות, כלומר פי חמישה מאשר אצבע אחת.[2]
2 שמות י"ד, לא
50 =
כמה לקו באצבע?
עשר מכות.
אמר מעתה במצרים לקו עשר מכות ועל הים לקו חמשים מכות.
רבי אליעזר אומר:
מהיכן אנו יודעים שכל מכה שהיתה במצרים היתה שקולה כמו ארבע מכות?
שנאמר: "יְשַׁלַּח־בָּם חֲרוֹן אַפּוֹ עֶבְרָה וָזַעַם וְצָרָה, מִשְׁלַחַת מַלְאֲכֵי רָעִים."[3]
"עברה" אחת.
"וזעם" שתים.
"וצרה" שלוש.
"משלחת מלאכי רעים" ארבע.
200 =
במצרים היו בעצם ארבעים מכות - עשר המכות המפורסמות כשכל אחת מהן מוכפלת פי ארבעה - סך הכול ארבעים, ועל הים כל זה כפול חמש - סך הכול מאתיים.
3 תהלים ע"ח, מט
רבי עקיבא אומר:
מהיכן אנו יודעים שכל מכה שהיתה במצרים היתה שקולה וכואבת כמו חמש מכות?
שנאמר: "יְשַׁלַּח־בָּם חֲרוֹן אַפּוֹ עֶבְרָה וָזַעַם וְצָרָה, מִשְׁלַחַת מַלְאֲכֵי רָעִים."
"חרון אפו" אחת.
"עברה" שתים.
"וזעם" שלוש.
"וצרה" ארבע.
"משלחת מלאכי רעים" חמש.
250 =
במצרים היו בעצם חמישים מכות - עשר המפורסמות כשכל אחת מוכפלת בחמש, ועל הים כל זה כפול חמש, סך הכול מאתיים וחמישים.

כַּמָּה מַעֲלוֹת טוֹבוֹת לַמָּקוֹם עָלֵינוּ

אִלּוּ הוֹצִיאָנוּ מִמִּצְרַיִם
וְלֹא עָשָׂה בָהֶם שְׁפָטִים　　דַּיֵּנוּ

אִלּוּ עָשָׂה בָהֶם שְׁפָטִים
וְלֹא עָשָׂה בֵאלֹהֵיהֶם　　דַּיֵּנוּ

אִלּוּ עָשָׂה בֵאלֹהֵיהֶם
וְלֹא הָרַג אֶת בְּכוֹרֵיהֶם　　דַּיֵּנוּ

אִלּוּ הָרַג אֶת בְּכוֹרֵיהֶם
וְלֹא נָתַן לָנוּ אֶת מָמוֹנָם　　דַּיֵּנוּ

אִלּוּ נָתַן לָנוּ אֶת מָמוֹנָם
וְלֹא קָרַע לָנוּ אֶת הַיָּם　　דַּיֵּנוּ

אִלּוּ קָרַע לָנוּ אֶת הַיָּם
וְלֹא הֶעֱבִירָנוּ בְתוֹכוֹ בֶּחָרָבָה　　דַּיֵּנוּ

אִלּוּ הֶעֱבִירָנוּ בְתוֹכוֹ בֶּחָרָבָה
וְלֹא שִׁקַּע צָרֵינוּ בְּתוֹכוֹ　　דַּיֵּנוּ

דיינו
כמה דברים טובים עשה לנו אלוהים ביציאת מצרים!
אילו הוציאנו ממצרים, ולא עשה בהם שפטים - **דיינו**.
אילו עשה בהם שפטים, ולא היכה את אלוהיהם - **דיינו**.
אילו היכה את אלוהיהם, ולא הרג את בכוריהם - **דיינו**.
אלו הרג את בכוריהם, ולא נתן לנו את ממונם - **דיינו**.
אלו נתן לנו את ממונם, ולא קרע לנו את הים - **דיינו**.
אילו קרע לנו את הים, ולא יצר לנו בתוכו שביל יבש שאפשר לעבור בו - **דיינו**.
אילו העביר אותנו בים שהתייבש, ולא הטביע את אויבינו בתוכנו - **דיינו**.

אִלּוּ שִׁקַּע צָרֵינוּ בְּתוֹכוֹ
וְלֹא סִפֵּק צָרְכֵּנוּ בַּמִּדְבָּר אַרְבָּעִים שָׁנָה　דַּיֵּנוּ

אִלּוּ סִפֵּק צָרְכֵּנוּ בַּמִּדְבָּר אַרְבָּעִים שָׁנָה
וְלֹא הֶאֱכִילָנוּ אֶת הַמָּן　דַּיֵּנוּ

אִלּוּ הֶאֱכִילָנוּ אֶת הַמָּן
וְלֹא נָתַן לָנוּ אֶת הַשַּׁבָּת　דַּיֵּנוּ

אִלּוּ נָתַן לָנוּ אֶת הַשַּׁבָּת
וְלֹא קֵרְבָנוּ לִפְנֵי הַר סִינַי　דַּיֵּנוּ

אִלּוּ קֵרְבָנוּ לִפְנֵי הַר סִינַי
וְלֹא נָתַן לָנוּ אֶת הַתּוֹרָה　דַּיֵּנוּ

אִלּוּ נָתַן לָנוּ אֶת הַתּוֹרָה
וְלֹא הִכְנִיסָנוּ לְאֶרֶץ יִשְׂרָאֵל　דַּיֵּנוּ

אִלּוּ הִכְנִיסָנוּ לְאֶרֶץ יִשְׂרָאֵל
וְלֹא בָנָה לָנוּ אֶת בֵּית הַבְּחִירָה　דַּיֵּנוּ

אילו הטביע את אויבנו בים, ולא דאג לכל צרכינו במדבר ארבעים שנה - **דיינו**.
אלו ספק צרכנו במדבר ארבעים שנה, ולא האכילנו את המן - **דיינו**.
אלו האכילנו את המן, ולא נתן לנו את השבת - **דיינו**.
אלו נתן לנו את השבת, ולא קרבנו לפני הר סיני - **דיינו**.
אלו קרבנו לפני הר סיני, ולא נתן לנו את התורה - **דיינו**.
אלו נתן לנו את התורה, ולא הכניסנו לארץ ישראל - **דיינו**.
אילו הכניסנו לארץ ישראל, ולא בנה לנו את בית המקדש - **דיינו**.

עַל אַחַת כַּמָּה וְכַמָּה
טוֹבָה כְפוּלָה וּמְכֻפֶּלֶת
לַמָּקוֹם עָלֵינוּ

שֶׁהוֹצִיאָנוּ מִמִּצְרַיִם
וְעָשָׂה בָהֶם שְׁפָטִים
וְעָשָׂה בֵאלֹהֵיהֶם
וְהָרַג בְּכוֹרֵיהֶם
וְנָתַן לָנוּ אֶת מָמוֹנָם
וְקָרַע לָנוּ אֶת הַיָּם
וְהֶעֱבִירָנוּ בְתוֹכוֹ בֶּחָרָבָה
וְשִׁקַּע צָרֵינוּ בְּתוֹכוֹ
וְסִפֵּק צָרְכֵּנוּ בַּמִּדְבָּר אַרְבָּעִים שָׁנָה
וְהֶאֱכִילָנוּ אֶת הַמָּן
וְנָתַן לָנוּ אֶת הַשַּׁבָּת
וְקֵרְבָנוּ לִפְנֵי הַר סִינַי
וְנָתַן לָנוּ אֶת הַתּוֹרָה
וְהִכְנִיסָנוּ לְאֶרֶץ יִשְׂרָאֵל
וּבָנָה לָנוּ אֶת בֵּית הַבְּחִירָה

לְכַפֵּר עַל כָּל עֲוֹנוֹתֵינוּ.

אבל מכיוון שאלוהים עשה לנו את כל הטובות האלו,
ברור שחייבים להודות לו.

רַבָּן גַּמְלִיאֵל הָיָה אוֹמֵר
כָּל שֶׁלֹּא אָמַר שְׁלוֹשָׁה דְבָרִים אֵלּוּ בַּפֶּסַח
לֹא יָצָא יְדֵי חוֹבָתוֹ וְאֵלּוּ הֵן

פֶּסַח מַצָּה וּמָרוֹר

פֶּסַח

שֶׁהָיוּ אֲבוֹתֵינוּ אוֹכְלִים
בִּזְמַן שֶׁבֵּית הַמִּקְדָּשׁ הָיָה קַיָּם
עַל שׁוּם מָה?
עַל שׁוּם שֶׁפָּסַח הַקָּדוֹשׁ בָּרוּךְ הוּא
עַל בָּתֵּי אֲבוֹתֵינוּ בְּמִצְרַיִם
שֶׁנֶּאֱמַר

וַאֲמַרְתֶּם זֶבַח־פֶּסַח הוּא לַיהוה
אֲשֶׁר פָּסַח עַל־בָּתֵּי בְנֵי־יִשְׂרָאֵל בְּמִצְרַיִם
בְּנָגְפּוֹ אֶת־מִצְרַיִם וְאֶת־בָּתֵּינוּ הִצִּיל
וַיִּקֹּד הָעָם וַיִּשְׁתַּחֲווּ:

רבן גמליאל היה אומר:
כל שלא אמר שלושה דברים אלו בפסח לא יצא ידי חובתו, ואלו הן:
פסח
מצה
ומרור.
קורבן הפסח שאותו היו אבותינו אוכלים בזמן שבית המקדש היה קיים. מה סיבתו?
שפסח הקדוש ברוך הוא על בתי אבותינו במצרים שנאמר: וַאֲמַרְתֶּם...
זֶבַח־פֶּסַח הוּא...
לַיהוה...
אֲשֶׁר פָּסַח עַל־בָּתֵּי בְנֵי־יִשְׂרָאֵל בְּמִצְרַיִם בְּנָגְפּוֹ אֶת־מִצְרַיִם וְאֶת־בָּתֵּינוּ הִצִּיל...
וַיִּקֹּד הָעָם וַיִּשְׁתַּחֲווּ.[1]

[1] שמות י"ב, כז

מַצָּה זוֹ

שֶׁאָנוּ אוֹכְלִים, עַל שׁוּם מָה?
עַל שׁוּם שֶׁלֹּא הִסְפִּיק בְּצֵקָם שֶׁל
אֲבוֹתֵינוּ לְהַחֲמִיץ עַד שֶׁנִּגְלָה עֲלֵיהֶם
מֶלֶךְ מַלְכֵי הַמְּלָכִים הַקָּדוֹשׁ בָּרוּךְ הוּא
וּגְאָלָם. שֶׁנֶּאֱמַר, וַיֹּאפוּ אֶת־הַבָּצֵק
אֲשֶׁר הוֹצִיאוּ מִמִּצְרַיִם עֻגֹת מַצּוֹת, כִּי
לֹא חָמֵץ, כִּי־גֹרְשׁוּ מִמִּצְרַיִם וְלֹא יָכְלוּ
לְהִתְמַהְמֵהַּ, וְגַם־צֵדָה לֹא־עָשׂוּ לָהֶם:

מָרוֹר זֶה

שֶׁאָנוּ אוֹכְלִים
עַל שׁוּם מָה?
עַל שׁוּם שֶׁמֵּרְרוּ הַמִּצְרִים
אֶת חַיֵּי אֲבוֹתֵינוּ בְּמִצְרַיִם
שֶׁנֶּאֱמַר
וַיְמָרֲרוּ אֶת־חַיֵּיהֶם בַּעֲבֹדָה קָשָׁה
בְּחֹמֶר וּבִלְבֵנִים וּבְכָל־עֲבֹדָה בַּשָּׂדֶה
אֵת כָּל־עֲבֹדָתָם אֲשֶׁר־עָבְדוּ בָהֶם בְּפָרֶךְ:

מדוע אנו אוכלים מצה בפסח?
מפני שלא הספיק בצקם של אבותינו להחמיץ ולתפוח כשיצאו ממצרים, כמו שכתוב בתורה:
"וַיֹּאפוּ אֶת־הַבָּצֵק אֲשֶׁר הוֹצִיאוּ מִמִּצְרַיִם עֻגֹת מַצּוֹת כִּי לֹא חָמֵץ כִּי־גֹרְשׁוּ מִמִּצְרַיִם וְלֹא יָכְלוּ לְהִתְמַהְמֵהַּ".
ואפילו צידה לדרך לא הספיקו להכין.[1]
[1] שמות י"ב, לט
מה הסיבה שאנו אוכלים מרור בליל הסדר? הסיבה היא שזה מזכיר לנו שהמצריים מררו לנו את החיים במצרים, כמו שכתוב:
"וַיְמָרְרוּ אֶת־חַיֵּיהֶם בַּעֲבֹדָה קָשָׁה בְּחֹמֶר וּבִלְבֵנִים וּבְכָל־עֲבֹדָה בַּשָּׂדֶה...
...אֵת כָּל־עֲבֹדָתָם אֲשֶׁר־עָבְדוּ בָהֶם בְּפָרֶךְ".[2]
[2] שמות א', יד

בְּכָל דּוֹר וָדוֹר

חַיָּב אָדָם לִרְאוֹת אֶת עַצְמוֹ
כְּאִלּוּ הוּא יָצָא מִמִּצְרַיִם

שֶׁנֶּאֱמַר

וְהִגַּדְתָּ לְבִנְךָ בַּיּוֹם הַהוּא לֵאמֹר
בַּעֲבוּר זֶה
עָשָׂה יהוה לִי בְּצֵאתִי מִמִּצְרָיִם:

לֹא אֶת אֲבוֹתֵינוּ בִּלְבָד
גָּאַל הַקָּדוֹשׁ בָּרוּךְ הוּא
אֶלָּא אַף אוֹתָנוּ גָּאַל עִמָּהֶם
שֶׁנֶּאֱמַר

וְאוֹתָנוּ הוֹצִיא מִשָּׁם
לְמַעַן הָבִיא אֹתָנוּ
לָתֶת לָנוּ אֶת־הָאָרֶץ
אֲשֶׁר נִשְׁבַּע לַאֲבֹתֵינוּ:

[1] שמות י"ג, ח

[2] דברים ו, כג

לְפִיכָךְ אֲנַחְנוּ חַיָּבִים

לְהוֹדוֹת, לְהַלֵּל, לְשַׁבֵּחַ, לְפָאֵר
לְרוֹמֵם, לְהַדֵּר, לְבָרֵךְ, לְעַלֵּה וּלְקַלֵּס
לְמִי שֶׁעָשָׂה לַאֲבוֹתֵינוּ וְלָנוּ אֶת כָּל הַנִּסִּים הָאֵלֶּה
הוֹצִיאָנוּ מֵעַבְדוּת לְחֵרוּת
מִיָּגוֹן לְשִׂמְחָה
מֵאֵבֶל לְיוֹם טוֹב
וּמֵאֲפֵלָה לְאוֹר גָּדוֹל
וּמִשִּׁעְבּוּד לִגְאֻלָּה
וְנֹאמַר לְפָנָיו שִׁירָה חֲדָשָׁה

הַלְלוּיָהּ.

לפיכך...
אנחנו חיבים להודות, להלל, לשבח, לפאר, לרומם, להדר, לברך, לעלה, ולקלס למי שעשה לאבותינו ולנו את כל הנסים האלה.
הוציאנו מעבדות לחרות...
מיגון לשמחה...
מאבל ליום טוב...
ומאפלה לאור גדול...
ומשעבוד לגאלה.
64128
ונאמר לפניו שירה חדשה -
64128
הללויה!

הַלְלוּיָהּ

הַלְלוּ עַבְדֵי יהוה, הַלְלוּ אֶת־שֵׁם יהוה:
יְהִי שֵׁם יהוה מְבֹרָךְ, מֵעַתָּה וְעַד־עוֹלָם:
מִמִּזְרַח־שֶׁמֶשׁ עַד־מְבוֹאוֹ, מְהֻלָּל שֵׁם יהוה:
רָם עַל־כָּל־גּוֹיִם יהוה, עַל הַשָּׁמַיִם כְּבוֹדוֹ:
מִי כַּיהוה אֱלֹהֵינוּ, הַמַּגְבִּיהִי לָשָׁבֶת:
הַמַּשְׁפִּילִי לִרְאוֹת, בַּשָּׁמַיִם וּבָאָרֶץ:
מְקִימִי מֵעָפָר דָּל, מֵאַשְׁפֹּת יָרִים אֶבְיוֹן:
לְהוֹשִׁיבִי עִם־נְדִיבִים, עִם נְדִיבֵי עַמּוֹ:
מוֹשִׁיבִי עֲקֶרֶת הַבַּיִת, אֵם־הַבָּנִים שְׂמֵחָה
הַלְלוּיָהּ:

הַלְלוּיָהּ
הַלְלוּ עַבְדֵי יהוה,
הַלְלוּ אֶת־שֵׁם יהוה.
יְהִי שֵׁם יהוה מְבֹרָךְ,
מֵעַתָּה וְעַד־עוֹלָם,
מִמִּזְרַח־שֶׁמֶשׁ עַד־מְבוֹאוֹ,
מְהֻלָּל שֵׁם יהוה.
רָם עַל־כָּל־גּוֹיִם יהוה,
עַל הַשָּׁמַיִם כְּבוֹדוֹ.
מִי כַּיהוה אֱלֹהֵינוּ,
הַמַּגְבִּיהִי לָשָׁבֶת.
הַמַּשְׁפִּילִי לִרְאוֹת,
בַּשָּׁמַיִם וּבָאָרֶץ.
מְקִימִי מֵעָפָר דָּל,
מֵאַשְׁפֹּת יָרִים אֶבְיוֹן
לְהוֹשִׁיבִי עִם־נְדִיבִים,
עִם נְדִיבֵי עַמּוֹ.
מוֹשִׁיבִי
עֲקֶרֶת הַבַּיִת,
אֵם־הַבָּנִים
שְׂמֵחָה
הַלְלוּיָהּ.[1]
[1] תהלים קיג

בְּצֵאת יִשְׂרָאֵל מִמִּצְרָיִם

בֵּית יַעֲקֹב מֵעַם לֹעֵז:
הָיְתָה יְהוּדָה לְקָדְשׁוֹ
יִשְׂרָאֵל מַמְשְׁלוֹתָיו:
הַיָּם רָאָה וַיָּנֹס
הַיַּרְדֵּן יִסֹּב לְאָחוֹר:
הֶהָרִים רָקְדוּ כְאֵילִים
גְּבָעוֹת כִּבְנֵי־צֹאן:
מַה־לְּךָ הַיָּם כִּי תָנוּס
הַיַּרְדֵּן תִּסֹּב לְאָחוֹר:
הֶהָרִים תִּרְקְדוּ כְאֵילִים
גְּבָעוֹת כִּבְנֵי־צֹאן:
מִלִּפְנֵי אָדוֹן חוּלִי אָרֶץ
מִלִּפְנֵי אֱלוֹהַּ יַעֲקֹב:
הַהֹפְכִי הַצּוּר אֲגַם־מָיִם
חַלָּמִישׁ לְמַעְיְנוֹ־מָיִם:

בְּצֵאת יִשְׂרָאֵל מִמִּצְרָיִם...
בֵּית יַעֲקֹב מֵעַם לֹעֵז.
הָיְתָה יְהוּדָה לְקָדְשׁוֹ...
יִשְׂרָאֵל מַמְשְׁלוֹתָיו.
הַיָּם רָאָה וַיָּנֹס.
הַיַּרְדֵּן יִסֹּב לְאָחוֹר
הֶהָרִים רָקְדוּ כְאֵילִים,
גְּבָעוֹת כִּבְנֵי־צֹאן.
מַה־לְּךָ הַיָּם כִּי תָנוּס,
הַיַּרְדֵּן תִּסֹּב לְאָחוֹר,
הֶהָרִים תִּרְקְדוּ כְאֵילִים,
גְּבָעוֹת כִּבְנֵי־צֹאן.
מִלִּפְנֵי אָדוֹן חוּלִי אָרֶץ,
מִלִּפְנֵי אֱלוֹהַּ יַעֲקֹב.
הַהֹפְכִי הַצּוּר
אֲגַם־מָיִם...
חַלָּמִישׁ לְמַעְיְנוֹ־מָיִם.[1]

[1] תהלים קיד

בָּרוּךְ אַתָּה יהוה אֱלֹהֵינוּ מֶלֶךְ הָעוֹלָם
אֲשֶׁר גְּאָלָנוּ, וְגָאַל אֶת אֲבוֹתֵינוּ מִמִּצְרַיִם
וְהִגִּיעָנוּ הַלַּיְלָה הַזֶּה לֶאֱכָל בּוֹ מַצָּה וּמָרוֹר.
כֵּן יהוה אֱלֹהֵינוּ וֵאלֹהֵי אֲבוֹתֵינוּ
יַגִּיעֵנוּ לְמוֹעֲדִים וְלִרְגָלִים אֲחֵרִים
הַבָּאִים לִקְרָאתֵנוּ לְשָׁלוֹם
שְׂמֵחִים בְּבִנְיַן עִירֶךָ
וְשָׂשִׂים בַּעֲבוֹדָתֶךָ
וְנֹאכַל שָׁם
מִן הַזְּבָחִים וּמִן הַפְּסָחִים
/במוצאי שבת מִן הַפְּסָחִים וּמִן הַזְּבָחִים/
אֲשֶׁר יַגִּיעַ דָּמָם
עַל קִיר מִזְבַּחֲךָ לְרָצוֹן
וְנוֹדֶה לְּךָ שִׁיר חָדָשׁ
עַל גְּאֻלָּתֵנוּ וְעַל פְּדוּת נַפְשֵׁנוּ.
בָּרוּךְ אַתָּה יהוה, גָּאַל יִשְׂרָאֵל.

בָּרוּךְ אַתָּה יהוה אֱלֹהֵינוּ מֶלֶךְ הָעוֹלָם בּוֹרֵא פְּרִי הַגָּפֶן.

הגביע השני
ברוך אתה יהוה אלוהינו מלך העולם...
אשר גאלנו, וגאל את אבותינו ממצרים.
והגיענו הלילה הזה, לאכול בו מצה ומרור.
כן יהוה אלהינו ואלהי אבותינו יגיענו למועדים...
ולרגלים אחרים...
הבאים לקראתנו לשלום שמחים בבנין עירך וששים בעבודתך.
ונאכל שם מן הזבחים ומן הפסחים אשר יגיע דמם על קיר מזבחך לרצון...
ונודה לך שיר חדש על גאלתנו ועל פדות נפשנו.
ברוך אתה ה' גאל ישראל.
ברוך אתה ה' אלהינו מלך העולם, בורא פרי הגפן.

רחצה

בָּרוּךְ אַתָּה יהוה אֱלֹהֵינוּ מֶלֶךְ הָעוֹלָם אֲשֶׁר קִדְּשָׁנוּ בְּמִצְוֹתָיו וְצִוָּנוּ עַל נְטִילַת יָדָיִם.

מוציא מצה

בָּרוּךְ אַתָּה יהוה אֱלֹהֵינוּ מֶלֶךְ הָעוֹלָם הַמּוֹצִיא לֶחֶם מִן הָאָרֶץ.

בָּרוּךְ אַתָּה יהוה אֱלֹהֵינוּ מֶלֶךְ הָעוֹלָם אֲשֶׁר קִדְּשָׁנוּ בְּמִצְוֹתָיו וְצִוָּנוּ עַל אֲכִילַת מַצָּה.

מרור

בָּרוּךְ אַתָּה יהוה
אֱלֹהֵינוּ מֶלֶךְ הָעוֹלָם
אֲשֶׁר קִדְּשָׁנוּ בְּמִצְוֹתָיו
וְצִוָּנוּ עַל אֲכִילַת מָרוֹר.

כורך

זֵכֶר לְמִקְדָּשׁ כְּהִלֵּל.

כֵּן עָשָׂה הִלֵּל בִּזְמַן שֶׁבֵּית
הַמִּקְדָּשׁ הָיָה קַיָּם
הָיָה כּוֹרֵךְ פֶּסַח, מַצָּה וּמָרוֹר
וְאוֹכֵל בְּיַחַד, לְקַיֵּם מַה שֶּׁנֶּאֱמַר
עַל־מַצּוֹת וּמְרֹרִים יֹאכְלֻהוּ:

שלחן עורך

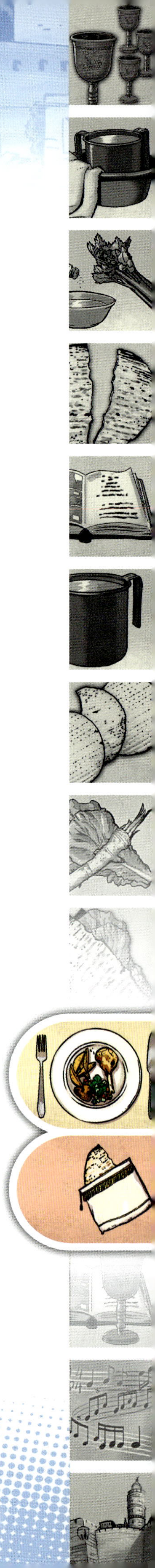

צפון

קינוח! זאת אומרת שעכשיו הגיע הזמן לאכול את האפיקומן, מצת החירות.
ברור שאם החבאתם את האפיקומן, קודם כול צריך שהילדים...
מצאתי אותו!!
אחרי שניהלתם בהצלחה את המשא ומתן על הפרס של האפיקומן...
אני רוצה משחק, וכדור חדש, וחדר משלי, וכובע...
אכלו חלק מהאפיקומן תוך הסבה לצד שמאל. וודאו שיש לכם מצות נוספות בכמות שתספיק לכל אחד למנה משמעותית.
אפיקומן
אפיקומן
כשסיימתם עם האפיקומן, אסור לאכול כל הלילה! לא שאנחנו רעבים...
אני כל כך שבע, שאני תיכף מתפוצץ..
לא לידי בבקשה!
נא לא לשתות עוד, חוץ משתי כוסות היין הנותרות או מים. חשוב לנו שטעמי החירות והאחדות ישהו בפינו כמה שיותר.
מלאו שוב את גביעי היין זה לזה, לכוס השלישית. אל תשתו עדיין, נודיע לכם מתי אפשר.
עכשיו הצטרפו ל"ברך" - ברכת המזון.

ברך

שִׁיר הַמַּעֲלוֹת

בְּשׁוּב יהוה אֶת־שִׁיבַת צִיּוֹן, הָיִינוּ כְּחֹלְמִים:
אָז יִמָּלֵא שְׂחוֹק פִּינוּ וּלְשׁוֹנֵנוּ רִנָּה
אָז יֹאמְרוּ בַגּוֹיִם הִגְדִּיל יהוה לַעֲשׂוֹת עִם־אֵלֶּה:
הִגְדִּיל יהוה לַעֲשׂוֹת עִמָּנוּ, הָיִינוּ שְׂמֵחִים:
שׁוּבָה יהוה אֶת־שְׁבִיתֵנוּ, כַּאֲפִיקִים בַּנֶּגֶב:
הַזֹּרְעִים בְּדִמְעָה, בְּרִנָּה יִקְצֹרוּ:
הָלוֹךְ יֵלֵךְ וּבָכֹה נֹשֵׂא מֶשֶׁךְ־הַזָּרַע
בֹּא־יָבֹא בְרִנָּה נֹשֵׂא אֲלֻמֹּתָיו:

יש מוסיפים:

תְּהִלַּת יהוה יְדַבֶּר פִּי, וִיבָרֵךְ כָּל־בָּשָׂר שֵׁם קָדְשׁוֹ לְעוֹלָם וָעֶד:
וַאֲנַחְנוּ נְבָרֵךְ יָהּ מֵעַתָּה וְעַד־עוֹלָם, הַלְלוּיָהּ:
הוֹדוּ לַיהוה כִּי־טוֹב, כִּי לְעוֹלָם חַסְדּוֹ:
מִי יְמַלֵּל גְּבוּרוֹת יהוה, יַשְׁמִיעַ כָּל־תְּהִלָּתוֹ:

סדר הזימון

רַבּוֹתַי, נְבָרֵךְ.
יְהִי שֵׁם יהוה מְבֹרָךְ מֵעַתָּה וְעַד־עוֹלָם:
יְהִי שֵׁם יהוה מְבֹרָךְ מֵעַתָּה וְעַד־עוֹלָם:
בִּרְשׁוּת (אָבִי מוֹרִי / אִמִּי מוֹרָתִי / כֹּהֲנִים / מוֹרֵנוּ הָרַב /
בַּעַל הַבַּיִת הַזֶּה / בַּעֲלַת הַבַּיִת הַזֶּה)
מָרָנָן וְרַבָּנָן וְרַבּוֹתַי
נְבָרֵךְ (אֱלֹהֵינוּ) שֶׁאָכַלְנוּ מִשֶּׁלּוֹ.
בָּרוּךְ (אֱלֹהֵינוּ) שֶׁאָכַלְנוּ מִשֶּׁלּוֹ וּבְטוּבוֹ חָיִינוּ.
בָּרוּךְ (אֱלֹהֵינוּ) שֶׁאָכַלְנוּ מִשֶּׁלּוֹ וּבְטוּבוֹ חָיִינוּ.
בָּרוּךְ הוּא וּבָרוּךְ שְׁמוֹ.

בָּרוּךְ אַתָּה יהוה אֱלֹהֵינוּ מֶלֶךְ הָעוֹלָם
הַזָּן אֶת הָעוֹלָם כֻּלּוֹ בְּטוּבוֹ
בְּחֵן בְּחֶסֶד וּבְרַחֲמִים, הוּא נוֹתֵן לֶחֶם לְכָל בָּשָׂר כִּי לְעוֹלָם חַסְדּוֹ.
וּבְטוּבוֹ הַגָּדוֹל, תָּמִיד לֹא חָסַר לָנוּ
וְאַל יֶחְסַר לָנוּ מָזוֹן לְעוֹלָם וָעֶד, בַּעֲבוּר שְׁמוֹ הַגָּדוֹל.
כִּי הוּא אֵל זָן וּמְפַרְנֵס לַכֹּל וּמֵטִיב לַכֹּל, וּמֵכִין מָזוֹן לְכָל בְּרִיּוֹתָיו אֲשֶׁר בָּרָא.
בָּרוּךְ אַתָּה יהוה, הַזָּן אֶת הַכֹּל.

נוֹדֶה לְךָ יהוה אֱלֹהֵינוּ עַל שֶׁהִנְחַלְתָּ לַאֲבוֹתֵינוּ
אֶרֶץ חֶמְדָּה טוֹבָה וּרְחָבָה
וְעַל שֶׁהוֹצֵאתָנוּ יהוה אֱלֹהֵינוּ מֵאֶרֶץ מִצְרַיִם וּפְדִיתָנוּ מִבֵּית עֲבָדִים
וְעַל בְּרִיתְךָ שֶׁחָתַמְתָּ בִּבְשָׂרֵנוּ, וְעַל תּוֹרָתְךָ שֶׁלִּמַּדְתָּנוּ
וְעַל חֻקֶּיךָ שֶׁהוֹדַעְתָּנוּ, וְעַל חַיִּים חֵן וָחֶסֶד שֶׁחוֹנַנְתָּנוּ
וְעַל אֲכִילַת מָזוֹן שָׁאַתָּה זָן וּמְפַרְנֵס אוֹתָנוּ תָּמִיד בְּכָל יוֹם וּבְכָל עֵת וּבְכָל שָׁעָה.

וְעַל הַכֹּל, יהוה אֱלֹהֵינוּ
אֲנַחְנוּ מוֹדִים לָךְ וּמְבָרְכִים אוֹתָךְ
יִתְבָּרַךְ שִׁמְךָ בְּפִי כָּל חַי תָּמִיד לְעוֹלָם וָעֶד כַּכָּתוּב
וְאָכַלְתָּ וְשָׂבָעְתָּ, וּבֵרַכְתָּ אֶת־יהוה אֱלֹהֶיךָ
עַל־הָאָרֶץ הַטֹּבָה אֲשֶׁר נָתַן־לָךְ:
בָּרוּךְ אַתָּה יהוה, עַל הָאָרֶץ וְעַל הַמָּזוֹן.

רַחֶם נָא יהוה אֱלֹהֵינוּ
עַל יִשְׂרָאֵל עַמֶּךָ
וְעַל יְרוּשָׁלַיִם עִירֶךָ
וְעַל צִיּוֹן מִשְׁכַּן כְּבוֹדֶךָ
וְעַל מַלְכוּת בֵּית דָּוִד מְשִׁיחֶךָ
וְעַל הַבַּיִת הַגָּדוֹל וְהַקָּדוֹשׁ שֶׁנִּקְרָא שִׁמְךָ עָלָיו. אֱלֹהֵינוּ, אָבִינוּ
רְעֵנוּ, זוּנֵנוּ, פַּרְנְסֵנוּ וְכַלְכְּלֵנוּ
וְהַרְוִיחֵנוּ, וְהַרְוַח לָנוּ יהוה אֱלֹהֵינוּ
מְהֵרָה מִכָּל צָרוֹתֵינוּ.
וְנָא אַל תַּצְרִיכֵנוּ, יהוה אֱלֹהֵינוּ
לֹא לִידֵי מַתְּנַת בָּשָׂר וָדָם, וְלֹא לִידֵי הַלְוָאָתָם
כִּי אִם לְיָדְךָ הַמְּלֵאָה, הַפְּתוּחָה, הַקְּדוֹשָׁה וְהָרְחָבָה
שֶׁלֹּא נֵבוֹשׁ וְלֹא נִכָּלֵם לְעוֹלָם וָעֶד.

בשבת מוסיפים:

רְצֵה וְהַחֲלִיצֵנוּ, יהוה אֱלֹהֵינוּ
בְּמִצְוֹתֶיךָ וּבְמִצְוַת יוֹם הַשְּׁבִיעִי
הַשַּׁבָּת הַגָּדוֹל וְהַקָּדוֹשׁ הַזֶּה
כִּי יוֹם זֶה גָּדוֹל וְקָדוֹשׁ הוּא לְפָנֶיךָ
לִשְׁבָּת בּוֹ, וְלָנוּחַ בּוֹ בְּאַהֲבָה כְּמִצְוַת רְצוֹנֶךָ
וּבִרְצוֹנְךָ הָנִיחַ לָנוּ, יהוה אֱלֹהֵינוּ
שֶׁלֹּא תְהֵא צָרָה וְיָגוֹן וַאֲנָחָה בְּיוֹם מְנוּחָתֵנוּ
וְהַרְאֵנוּ, יהוה אֱלֹהֵינוּ, בְּנֶחָמַת צִיּוֹן עִירֶךָ
וּבְבִנְיַן יְרוּשָׁלַיִם עִיר קָדְשֶׁךָ
כִּי אַתָּה הוּא בַּעַל הַיְשׁוּעוֹת וּבַעַל הַנֶּחָמוֹת.

אֱלֹהֵינוּ וֵאלֹהֵי אֲבוֹתֵינוּ
יַעֲלֶה וְיָבוֹא
וְיַגִּיעַ, וְיֵרָאֶה וְיֵרָצֶה וְיִשָּׁמַע וְיִפָּקֵד וְיִזָּכֵר
זִכְרוֹנֵנוּ וּפִקְדוֹנֵנוּ וְזִכְרוֹן אֲבוֹתֵינוּ
וְזִכְרוֹן מָשִׁיחַ בֶּן דָּוִד עַבְדֶּךָ, וְזִכְרוֹן יְרוּשָׁלַיִם עִיר קָדְשֶׁךָ
וְזִכְרוֹן כָּל עַמְּךָ בֵּית יִשְׂרָאֵל
לְפָנֶיךָ, לִפְלֵיטָה לְטוֹבָה, לְחֵן וּלְחֶסֶד וּלְרַחֲמִים
לְחַיִּים וּלְשָׁלוֹם בְּיוֹם חַג הַמַּצּוֹת הַזֶּה.
זָכְרֵנוּ יהוה אֱלֹהֵינוּ בּוֹ לְטוֹבָה, וּפָקְדֵנוּ בוֹ לִבְרָכָה
וְהוֹשִׁיעֵנוּ בוֹ לְחַיִּים.
וּבִדְבַר יְשׁוּעָה וְרַחֲמִים חוּס וְחָנֵּנוּ וְרַחֵם עָלֵינוּ, וְהוֹשִׁיעֵנוּ
כִּי אֵלֶיךָ עֵינֵינוּ, כִּי אֵל חַנּוּן וְרַחוּם אָתָּה.

וּבְנֵה יְרוּשָׁלַיִם עִיר הַקֹּדֶשׁ בִּמְהֵרָה בְיָמֵינוּ.
בָּרוּךְ אַתָּה יהוה, בּוֹנֵה בְרַחֲמָיו יְרוּשָׁלָיִם, אָמֵן.

בָּרוּךְ: אַתָּה יהוה אֱלֹהֵינוּ מֶלֶךְ הָעוֹלָם
הָאֵל אָבִינוּ, מַלְכֵּנוּ, אַדִּירֵנוּ
בּוֹרְאֵנוּ, גּוֹאֲלֵנוּ, יוֹצְרֵנוּ, קְדוֹשֵׁנוּ
קְדוֹשׁ יַעֲקֹב רוֹעֵנוּ, רוֹעֵה יִשְׂרָאֵל
הַמֶּלֶךְ הַטּוֹב וְהַמֵּיטִיב לַכֹּל' שֶׁבְּכָל יוֹם וָיוֹם
הוּא הֵיטִיב, הוּא מֵיטִיב, הוּא יֵיטִיב לָנוּ
הוּא גְמָלָנוּ, הוּא גוֹמְלֵנוּ
הוּא יִגְמְלֵנוּ לָעַד, לְחֵן וּלְחֶסֶד וּלְרַחֲמִים
וּלְרֶוַח, הַצָּלָה וְהַצְלָחָה
בְּרָכָה וִישׁוּעָה, נֶחָמָה, פַּרְנָסָה וְכַלְכָּלָה

וְרַחֲמִים וְחַיִּים וְשָׁלוֹם וְכָל טוֹב
וּמִכָּל טוּב לְעוֹלָם אַל יְחַסְּרֵנוּ.
הָרַחֲמָן הוּא יִמְלֹךְ עָלֵינוּ לְעוֹלָם וָעֶד.
הָרַחֲמָן הוּא יִתְבָּרַךְ בַּשָּׁמַיִם וּבָאָרֶץ.
הָרַחֲמָן הוּא יִשְׁתַּבַּח לְדוֹר דּוֹרִים,
וְיִתְפָּאַר בָּנוּ לָעַד וּלְנֵצַח נְצָחִים
וְיִתְהַדַּר בָּנוּ לָעַד וּלְעוֹלְמֵי עוֹלָמִים.
הָרַחֲמָן הוּא יְפַרְנְסֵנוּ בְּכָבוֹד.
הָרַחֲמָן הוּא יִשְׁבֹּר עֻלֵּנוּ מֵעַל צַוָּארֵנוּ
וְהוּא יוֹלִיכֵנוּ קוֹמְמִיּוּת לְאַרְצֵנוּ.
הָרַחֲמָן הוּא יִשְׁלַח לָנוּ
בְּרָכָה מְרֻבָּה בַּבַּיִת הַזֶּה
וְעַל שֻׁלְחָן זֶה שֶׁאָכַלְנוּ עָלָיו.
הָרַחֲמָן הוּא יִשְׁלַח לָנוּ
אֶת אֵלִיָּהוּ הַנָּבִיא זָכוּר לַטּוֹב
וִיבַשֶּׂר לָנוּ בְּשׂוֹרוֹת טוֹבוֹת יְשׁוּעוֹת וְנֶחָמוֹת.
הָרַחֲמָן הוּא יְבָרֵךְ

בעל הבית ובעלת הבית אומרים:

אוֹתִי (וְאֶת אִשְׁתִּי / וְאֶת בַּעֲלִי / וְאֶת אָבִי מוֹרִי /
וְאֶת אִמִּי מוֹרָתִי / וְאֶת זַרְעִי)
וְאֶת כָּל אֲשֶׁר לִי.

אורח אומר:

אֶת בַּעַל הַבַּיִת הַזֶּה, אוֹתוֹ (וְאֶת אִשְׁתּוֹ בַּעֲלַת
הַבַּיִת הַזֶּה / וְאֶת זַרְעוֹ) וְאֶת כָּל אֲשֶׁר לוֹ.

ילדים האוכלים על שולחן הוריהם אומרים:

אֶת אָבִי מוֹרִי (בַּעַל הַבַּיִת הַזֶּה), וְאֶת אִמִּי מוֹרָתִי
(בַּעֲלַת הַבַּיִת הַזֶּה), אוֹתָם וְאֶת בֵּיתָם וְאֶת זַרְעָם
וְאֶת כָּל אֲשֶׁר לָהֶם

אם יש אורחים נוספים, מוסיפים:

וְאֶת כָּל הַמְּסֻבִּין כָּאן,

אוֹתָנוּ וְאֶת כָּל אֲשֶׁר לָנוּ כְּמוֹ שֶׁנִּתְבָּרְכוּ אֲבוֹתֵינוּ
אַבְרָהָם יִצְחָק וְיַעֲקֹב, בַּכֹּל, מִכֹּל, כֹּל
כֵּן יְבָרֵךְ אוֹתָנוּ כֻּלָּנוּ יַחַד בִּבְרָכָה שְׁלֵמָה
וְנֹאמַר אָמֵן.

בַּמָּרוֹם יְלַמְּדוּ עֲלֵיהֶם וְעָלֵינוּ זְכוּת
שֶׁתְּהֵא לְמִשְׁמֶרֶת שָׁלוֹם.
וְנִשָּׂא בְרָכָה מֵאֵת יהוה וּצְדָקָה מֵאֱלֹהֵי יִשְׁעֵנוּ
וְנִמְצָא חֵן וְשֵׂכֶל טוֹב בְּעֵינֵי אֱלֹהִים וְאָדָם.

בשבת:

הָרַחֲמָן הוּא יַנְחִילֵנוּ יוֹם שֶׁכֻּלּוֹ שַׁבָּת וּמְנוּחָה
לְחַיֵּי הָעוֹלָמִים.

הָרַחֲמָן הוּא יַנְחִילֵנוּ יוֹם שֶׁכֻּלּוֹ טוֹב:
הָרַחֲמָן הוּא יְבָרֵךְ
אֶת מְדִינַת יִשְׂרָאֵל
רֵאשִׁית צְמִיחַת גְּאֻלָּתֵנוּ.

הָרַחֲמָן הוּא יְבָרֵךְ
אֶת חַיָּלֵי צְבָא הַהֲגָנָה לְיִשְׂרָאֵל
הָעוֹמְדִים עַל מִשְׁמַר אַרְצֵנוּ.

הָרַחֲמָן הוּא יְזַכֵּנוּ לִימוֹת הַמָּשִׁיחַ וּלְחַיֵּי הָעוֹלָם הַבָּא.
מִגְדּוֹל יְשׁוּעוֹת מַלְכּוֹ וְעֹשֶׂה־חֶסֶד לִמְשִׁיחוֹ
לְדָוִד וּלְזַרְעוֹ עַד־עוֹלָם:

עֹשֶׂה שָׁלוֹם בִּמְרוֹמָיו, הוּא
יַעֲשֶׂה שָׁלוֹם עָלֵינוּ וְעַל כָּל יִשְׂרָאֵל
וְאִמְרוּ אָמֵן.

יְראוּ אֶת־יהוה קְדֹשָׁיו כִּי־אֵין מַחְסוֹר לִירֵאָיו:
כְּפִירִים רָשׁוּ וְרָעֵבוּ וְדֹרְשֵׁי יהוה לֹא־יַחְסְרוּ כָל־טוֹב:
הוֹדוּ לַיהוה כִּי־טוֹב כִּי לְעוֹלָם חַסְדּוֹ:
פּוֹתֵחַ אֶת־יָדֶךָ וּמַשְׂבִּיעַ לְכָל־חַי רָצוֹן:
בָּרוּךְ הַגֶּבֶר אֲשֶׁר יִבְטַח בַּיהוה וְהָיָה יהוה מִבְטַחוֹ:
נַעַר הָיִיתִי גַּם־זָקַנְתִּי
וְלֹא־רָאִיתִי, צַדִּיק נֶעֱזָב וְזַרְעוֹ מְבַקֶּשׁ־לָחֶם:
יהוה עֹז לְעַמּוֹ יִתֵּן יהוה יְבָרֵךְ אֶת־עַמּוֹ בַשָּׁלוֹם:

בָּרוּךְ אַתָּה יהוה
אֱלֹהֵינוּ מֶלֶךְ הָעוֹלָם
בּוֹרֵא פְּרִי הַגָּפֶן.

מוזגים כוסו של אליהו, פותחים את הדלת ואומרים:

שְׁפֹךְ

חֲמָתְךָ אֶל־הַגּוֹיִם
אֲשֶׁר לֹא־יְדָעוּךָ
וְעַל מַמְלָכוֹת אֲשֶׁר
בְּשִׁמְךָ לֹא קָרָאוּ:
כִּי אָכַל אֶת־יַעֲקֹב
וְאֶת־נָוֵהוּ הֵשַׁמּוּ:

שפוך חמתך
שפוך כעסך על הגויים...
אשר לא ידעוך...
ועל ממלכות...
אשר בשמך לא קראו...
כי פגעו בעם ישראל...
והחריבו את מקדשו.[1]
[1] תהלים ע"ט,ו-ז

שְׁפֹךְ

עֲלֵיהֶם זַעְמֶךָ
וַחֲרוֹן אַפְּךָ יַשִּׂיגֵם:
תִּרְדֹּף בְּאַף וְתַשְׁמִידֵם
מִתַּחַת שְׁמֵי יהוה:

שפוך
עליהם
זעמך...
וחרון אפך
ישיגם...[1]
1 תהלים ס"ט, כה
תרדוף
אחריהם בכעס,
ותשמידם...
מתחת
השמים.[2]
2 איכה ג', סו

הלל

לֹא לָנוּ

יהוה, לֹא לָנוּ
כִּי־לְשִׁמְךָ תֵּן כָּבוֹד, עַל־חַסְדְּךָ עַל־אֲמִתֶּךָ:
לָמָּה יֹאמְרוּ הַגּוֹיִם אַיֵּה־נָא אֱלֹהֵיהֶם:
וֵאלֹהֵינוּ בַשָּׁמָיִם, כֹּל אֲשֶׁר־חָפֵץ עָשָׂה:
עֲצַבֵּיהֶם כֶּסֶף וְזָהָב, מַעֲשֵׂה יְדֵי אָדָם:
פֶּה־לָהֶם וְלֹא יְדַבֵּרוּ, עֵינַיִם לָהֶם וְלֹא יִרְאוּ:
אָזְנַיִם לָהֶם וְלֹא יִשְׁמָעוּ, אַף לָהֶם וְלֹא יְרִיחוּן:
יְדֵיהֶם וְלֹא יְמִישׁוּן, רַגְלֵיהֶם וְלֹא יְהַלֵּכוּ
לֹא־יֶהְגּוּ בִּגְרוֹנָם:
כְּמוֹהֶם יִהְיוּ עֹשֵׂיהֶם, כֹּל אֲשֶׁר־בֹּטֵחַ בָּהֶם:
יִשְׂרָאֵל בְּטַח בַּיהוה
עֶזְרָם וּמָגִנָּם הוּא:
בֵּית אַהֲרֹן בִּטְחוּ בַיהוה
עֶזְרָם וּמָגִנָּם הוּא:
יִרְאֵי יהוה בִּטְחוּ בַיהוה
עֶזְרָם וּמָגִנָּם הוּא:

יהוה זְכָרָנוּ יְבָרֵךְ:

יְבָרֵךְ אֶת־בֵּית יִשְׂרָאֵל, יְבָרֵךְ אֶת־בֵּית אַהֲרֹן:
יְבָרֵךְ יִרְאֵי יהוה, הַקְּטַנִּים עִם־הַגְּדֹלִים:
יֹסֵף יהוה עֲלֵיכֶם, עֲלֵיכֶם וְעַל־בְּנֵיכֶם:
בְּרוּכִים אַתֶּם לַיהוה, עֹשֵׂה שָׁמַיִם וָאָרֶץ:
הַשָּׁמַיִם שָׁמַיִם לַיהוה, וְהָאָרֶץ נָתַן לִבְנֵי־אָדָם:
לֹא הַמֵּתִים יְהַלְלוּ־יָהּ, וְלֹא כָּל־יֹרְדֵי דוּמָה:
וַאֲנַחְנוּ נְבָרֵךְ יָהּ, מֵעַתָּה וְעַד־עוֹלָם

הַלְלוּיָהּ:

אָהַבְתִּי

כִּי־יִשְׁמַע יהוה, אֶת־קוֹלִי תַּחֲנוּנָי:
כִּי־הִטָּה אָזְנוֹ לִי, וּבְיָמַי אֶקְרָא:
אֲפָפוּנִי חֶבְלֵי־מָוֶת, וּמְצָרֵי שְׁאוֹל מְצָאוּנִי
צָרָה וְיָגוֹן אֶמְצָא:
וּבְשֵׁם־יהוה אֶקְרָא, אָנָּה יהוה מַלְּטָה נַפְשִׁי:
חַנּוּן יהוה וְצַדִּיק, וֵאלֹהֵינוּ מְרַחֵם:
שֹׁמֵר פְּתָאִים יהוה, דַּלּוֹתִי וְלִי יְהוֹשִׁיעַ:
שׁוּבִי נַפְשִׁי לִמְנוּחָיְכִי, כִּי־יהוה גָּמַל עָלָיְכִי:
כִּי חִלַּצְתָּ נַפְשִׁי מִמָּוֶת אֶת־עֵינִי מִן־דִּמְעָה, אֶת־רַגְלִי מִדֶּחִי:
אֶתְהַלֵּךְ לִפְנֵי יהוה, בְּאַרְצוֹת הַחַיִּים:
הֶאֱמַנְתִּי כִּי אֲדַבֵּר, אֲנִי עָנִיתִי מְאֹד:
אֲנִי אָמַרְתִּי בְחָפְזִי, כָּל־הָאָדָם כֹּזֵב:

מָה־אָשִׁיב

לַיהוה, כָּל־תַּגְמוּלוֹהִי עָלָי:
כּוֹס־יְשׁוּעוֹת אֶשָּׂא, וּבְשֵׁם יהוה אֶקְרָא:
נְדָרַי לַיהוה אֲשַׁלֵּם, נֶגְדָה־נָּא לְכָל־עַמּוֹ:
יָקָר בְּעֵינֵי יהוה, הַמָּוְתָה לַחֲסִידָיו:
אָנָּה יהוה כִּי־אֲנִי עַבְדֶּךָ, אֲנִי־עַבְדְּךָ בֶּן־אֲמָתֶךָ
פִּתַּחְתָּ לְמוֹסֵרָי:
לְךָ־אֶזְבַּח זֶבַח תּוֹדָה, וּבְשֵׁם יהוה אֶקְרָא:
נְדָרַי לַיהוה אֲשַׁלֵּם, נֶגְדָה־נָּא לְכָל־עַמּוֹ:
בְּחַצְרוֹת בֵּית יהוה, בְּתוֹכֵכִי יְרוּשָׁלָםִ

הַלְלוּיָהּ:

הַלְלוּ

אֶת־יהוה כׇּל־גּוֹיִם, שַׁבְּחוּהוּ כׇּל־הָאֻמִּים:

כִּי גָבַר עָלֵינוּ חַסְדּוֹ, וֶאֱמֶת־יהוה לְעוֹלָם

הַלְלוּיָהּ:

הוֹדוּ לַיהוה כִּי־טוֹב כִּי לְעוֹלָם חַסְדּוֹ:
יֹאמַר־נָא יִשְׂרָאֵל כִּי לְעוֹלָם חַסְדּוֹ:
יֹאמְרוּ־נָא בֵית־אַהֲרֹן כִּי לְעוֹלָם חַסְדּוֹ:
יֹאמְרוּ־נָא יִרְאֵי יהוה כִּי לְעוֹלָם חַסְדּוֹ:

מִן־הַמֵּצַר

קָרָאתִי יָּהּ, עָנָנִי בַמֶּרְחָב יָהּ:
יהוה לִי לֹא אִירָא, מַה־יַּעֲשֶׂה לִי אָדָם:
יהוה לִי בְּעֹזְרָי, וַאֲנִי אֶרְאֶה בְשֹׂנְאָי:
טוֹב לַחֲסוֹת בַּיהוה, מִבְּטֹחַ בָּאָדָם:
טוֹב לַחֲסוֹת בַּיהוה, מִבְּטֹחַ בִּנְדִיבִים:
כָּל־גּוֹיִם סְבָבוּנִי, בְּשֵׁם יהוה כִּי אֲמִילַם:
סַבּוּנִי גַם־סְבָבוּנִי, בְּשֵׁם יהוה כִּי אֲמִילַם:
סַבּוּנִי כִדְבֹרִים, דֹּעֲכוּ כְּאֵשׁ קוֹצִים, בְּשֵׁם יהוה כִּי אֲמִילַם:
דָּחֹה דְחִיתַנִי לִנְפֹּל, וַיהוה עֲזָרָנִי:
עָזִּי וְזִמְרָת יָהּ, וַיְהִי־לִי לִישׁוּעָה:
קוֹל רִנָּה וִישׁוּעָה בְּאָהֳלֵי צַדִּיקִים
יְמִין יהוה עֹשָׂה חָיִל:
יְמִין יהוה רוֹמֵמָה, יְמִין יהוה עֹשָׂה חָיִל:
לֹא־אָמוּת כִּי־אֶחְיֶה, וַאֲסַפֵּר מַעֲשֵׂי יָהּ:
יַסֹּר יִסְּרַנִּי יָּהּ, וְלַמָּוֶת לֹא נְתָנָנִי:
פִּתְחוּ־לִי שַׁעֲרֵי־צֶדֶק, אָבֹא־בָם אוֹדֶה יָהּ:
זֶה־הַשַּׁעַר לַיהוה, צַדִּיקִים יָבֹאוּ בוֹ:

אוֹדְךָ כִּי עֲנִיתָנִי, וַתְּהִי־לִי לִישׁוּעָה:
אוֹדְךָ כִּי עֲנִיתָנִי, וַתְּהִי־לִי לִישׁוּעָה:

אֶבֶן מָאֲסוּ הַבּוֹנִים, הָיְתָה לְרֹאשׁ פִּנָּה:
אֶבֶן מָאֲסוּ הַבּוֹנִים, הָיְתָה לְרֹאשׁ פִּנָּה:

מֵאֵת יהוה הָיְתָה זֹּאת, הִיא נִפְלָאת בְּעֵינֵינוּ:
מֵאֵת יהוה הָיְתָה זֹּאת, הִיא נִפְלָאת בְּעֵינֵינוּ:

זֶה־הַיּוֹם עָשָׂה יהוה, נָגִילָה וְנִשְׂמְחָה בוֹ:
זֶה־הַיּוֹם עָשָׂה יהוה, נָגִילָה וְנִשְׂמְחָה בוֹ:

אָנָּא יהוה הוֹשִׁיעָה נָּא: אָנָּא יהוה הוֹשִׁיעָה נָּא:
אָנָּא יהוה הַצְלִיחָה נָא: אָנָּא יהוה הַצְלִיחָה נָא:

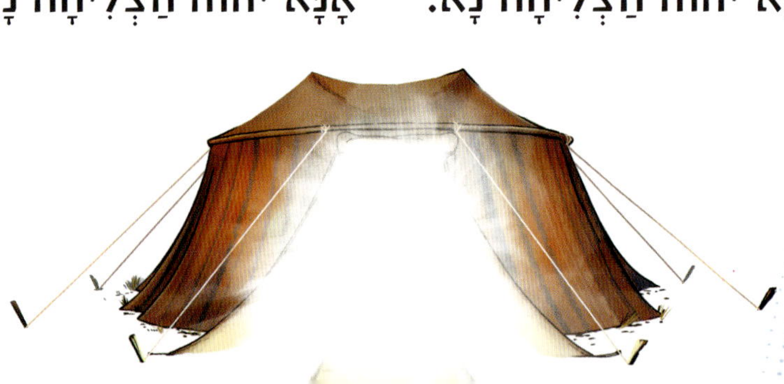

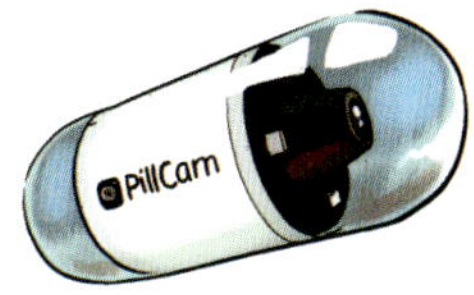

בָּרוּךְ הַבָּא

בְּשֵׁם יהוה, בֵּרַכְנוּכֶם מִבֵּית יהוה:

בָּרוּךְ הַבָּא בְּשֵׁם יהוה, בֵּרַכְנוּכֶם מִבֵּית יהוה:

אֵל יהוה וַיָּאֶר לָנוּ
אִסְרוּ־חַג בַּעֲבֹתִים עַד־קַרְנוֹת הַמִּזְבֵּחַ:

אֵל יהוה וַיָּאֶר לָנוּ, אִסְרוּ־חַג בַּעֲבֹתִים עַד־קַרְנוֹת הַמִּזְבֵּחַ:

אֵלִי אַתָּה וְאוֹדֶךָּ, אֱלֹהַי אֲרוֹמְמֶךָּ:

אֵלִי אַתָּה וְאוֹדֶךָּ, אֱלֹהַי אֲרוֹמְמֶךָּ:

הוֹדוּ לַיהוה כִּי־טוֹב, כִּי לְעוֹלָם חַסְדּוֹ:

הוֹדוּ לַיהוה כִּי־טוֹב, כִּי לְעוֹלָם חַסְדּוֹ:

יְהַלְלוּךָ

יהוה אֱלֹהֵינוּ כָּל מַעֲשֶׂיךָ
וַחֲסִידֶיךָ צַדִּיקִים עוֹשֵׂי רְצוֹנֶךָ
וְכָל עַמְּךָ בֵּית יִשְׂרָאֵל
בְּרִנָּה יוֹדוּ
וִיבָרְכוּ וִישַׁבְּחוּ
וִיפָאֲרוּ וִירוֹמְמוּ וְיַעֲרִיצוּ
וְיַקְדִּישׁוּ וְיַמְלִיכוּ אֶת שִׁמְךָ מַלְכֵּנוּ
כִּי לְךָ טוֹב לְהוֹדוֹת וּלְשִׁמְךָ נָאֶה לְזַמֵּר
כִּי מֵעוֹלָם וְעַד עוֹלָם
אַתָּה אֵל.

הוֹדוּ לַיהוה כִּי־טוֹב כִּי לְעוֹלָם חַסְדּוֹ:
הוֹדוּ לֵאלֹהֵי הָאֱלֹהִים כִּי לְעוֹלָם חַסְדּוֹ:
הוֹדוּ לַאֲדֹנֵי הָאֲדֹנִים כִּי לְעוֹלָם חַסְדּוֹ:
לְעֹשֵׂה נִפְלָאוֹת גְּדֹלוֹת לְבַדּוֹ כִּי לְעוֹלָם חַסְדּוֹ:
לְעֹשֵׂה הַשָּׁמַיִם בִּתְבוּנָה כִּי לְעוֹלָם חַסְדּוֹ:
לְרֹקַע הָאָרֶץ עַל־הַמָּיִם כִּי לְעוֹלָם חַסְדּוֹ:
לְעֹשֵׂה אוֹרִים גְּדֹלִים כִּי לְעוֹלָם חַסְדּוֹ:
אֶת־הַשֶּׁמֶשׁ לְמֶמְשֶׁלֶת בַּיּוֹם כִּי לְעוֹלָם חַסְדּוֹ:
אֶת־הַיָּרֵחַ וְכוֹכָבִים לְמֶמְשְׁלוֹת בַּלָּיְלָה כִּי לְעוֹלָם חַסְדּוֹ:
לְמַכֵּה מִצְרַיִם בִּבְכוֹרֵיהֶם כִּי לְעוֹלָם חַסְדּוֹ:
וַיּוֹצֵא יִשְׂרָאֵל מִתּוֹכָם כִּי לְעוֹלָם חַסְדּוֹ:
בְּיָד חֲזָקָה וּבִזְרוֹעַ נְטוּיָה כִּי לְעוֹלָם חַסְדּוֹ:
לְגֹזֵר יַם־סוּף לִגְזָרִים כִּי לְעוֹלָם חַסְדּוֹ:

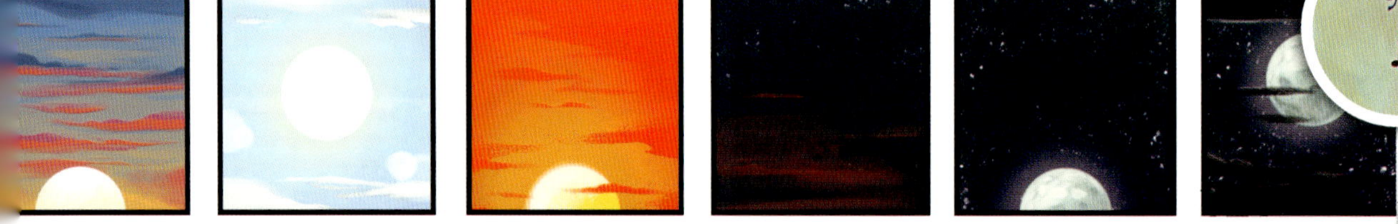

וְהֶעֱבִיר יִשְׂרָאֵל בְּתוֹכוֹ כִּי לְעוֹלָם חַסְדּוֹ:
וְנִעֵר פַּרְעֹה וְחֵילוֹ בְיַם־סוּף כִּי לְעוֹלָם חַסְדּוֹ:
לְמוֹלִיךְ עַמּוֹ בַּמִּדְבָּר כִּי לְעוֹלָם חַסְדּוֹ:
לְמַכֵּה מְלָכִים גְּדֹלִים כִּי לְעוֹלָם חַסְדּוֹ:
וַיַּהֲרֹג מְלָכִים אַדִּירִים כִּי לְעוֹלָם חַסְדּוֹ:
לְסִיחוֹן מֶלֶךְ הָאֱמֹרִי כִּי לְעוֹלָם חַסְדּוֹ:
וּלְעוֹג מֶלֶךְ הַבָּשָׁן כִּי לְעוֹלָם חַסְדּוֹ:
וְנָתַן אַרְצָם לְנַחֲלָה כִּי לְעוֹלָם חַסְדּוֹ:
נַחֲלָה לְיִשְׂרָאֵל עַבְדּוֹ כִּי לְעוֹלָם חַסְדּוֹ:
שֶׁבְּשִׁפְלֵנוּ זָכַר לָנוּ כִּי לְעוֹלָם חַסְדּוֹ:
וַיִּפְרְקֵנוּ מִצָּרֵינוּ כִּי לְעוֹלָם חַסְדּוֹ:
נֹתֵן לֶחֶם לְכָל־בָּשָׂר כִּי לְעוֹלָם חַסְדּוֹ:
הוֹדוּ לְאֵל הַשָּׁמָיִם כִּי לְעוֹלָם חַסְדּוֹ:

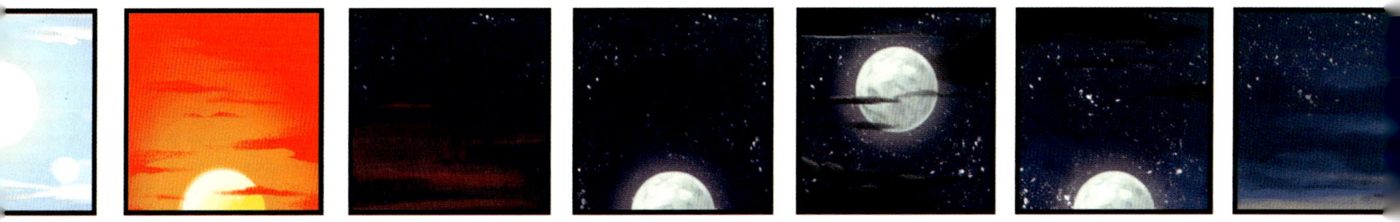

נִשְׁמַת

כָּל חַי תְּבָרֵךְ אֶת שִׁמְךָ, יהוה אֱלֹהֵינוּ
וְרוּחַ כָּל בָּשָׂר תְּפָאֵר וּתְרוֹמֵם זִכְרְךָ מַלְכֵּנוּ תָּמִיד.
מִן הָעוֹלָם וְעַד הָעוֹלָם אַתָּה אֵל
וּמִבַּלְעָדֶיךָ אֵין לָנוּ מֶלֶךְ גּוֹאֵל וּמוֹשִׁיעַ
פּוֹדֶה וּמַצִּיל וּמְפַרְנֵס וּמְרַחֵם
בְּכָל עֵת צָרָה וְצוּקָה
אֵין לָנוּ מֶלֶךְ אֶלָּא אָתָּה.
אֱלֹהֵי הָרִאשׁוֹנִים וְהָאַחֲרוֹנִים, אֱלוֹהַּ כָּל בְּרִיּוֹת
אֲדוֹן כָּל תּוֹלָדוֹת, הַמְּהֻלָּל בְּרֹב הַתִּשְׁבָּחוֹת
הַמְנַהֵג עוֹלָמוֹ בְּחֶסֶד וּבְרִיּוֹתָיו בְּרַחֲמִים.
וַיהוה לֹא יָנוּם וְלֹא יִישָׁן
הַמְעוֹרֵר יְשֵׁנִים וְהַמֵּקִיץ נִרְדָּמִים
וְהַמֵּשִׂיחַ אִלְּמִים וְהַמַּתִּיר אֲסוּרִים
וְהַסּוֹמֵךְ נוֹפְלִים וְהַזּוֹקֵף כְּפוּפִים.
לְךָ לְבַדְּךָ אֲנַחְנוּ מוֹדִים.
אִלּוּ פִינוּ מָלֵא שִׁירָה כַּיָּם
וּלְשׁוֹנֵנוּ רִנָּה כַּהֲמוֹן גַּלָּיו

וְשִׂפְתוֹתֵינוּ שֶׁבַח כְּמֶרְחֲבֵי רָקִיעַ
וְעֵינֵינוּ מְאִירוֹת כַּשֶּׁמֶשׁ וְכַיָּרֵחַ
וְיָדֵינוּ פְרוּשׂוֹת כְּנִשְׁרֵי שָׁמָיִם
וְרַגְלֵינוּ קַלּוֹת כָּאַיָּלוֹת
אֵין אֲנַחְנוּ מַסְפִּיקִים לְהוֹדוֹת לְךְ
יהוה אֱלֹהֵינוּ וֵאלֹהֵי אֲבוֹתֵינוּ
וּלְבָרֵךְ אֶת שְׁמֵךְ
עַל אַחַת מֵאָלֶף אֶלֶף אַלְפֵי אֲלָפִים
וְרִבֵּי רְבָבוֹת פְּעָמִים הַטּוֹבוֹת
שֶׁעָשִׂיתָ עִם אֲבוֹתֵינוּ וְעִמָּנוּ.
מִמִּצְרַיִם גְּאַלְתָּנוּ, יהוה אֱלֹהֵינוּ
וּמִבֵּית עֲבָדִים פְּדִיתָנוּ
בְּרָעָב זַנְתָּנוּ וּבְשָׂבָע כִּלְכַּלְתָּנוּ
מֵחֶרֶב הִצַּלְתָּנוּ וּמִדֶּבֶר מִלַּטְתָּנוּ
וּמֵחֳלָיִים רָעִים וְנֶאֱמָנִים דִּלִּיתָנוּ.
עַד הֵנָּה עֲזָרוּנוּ רַחֲמֶיךְ, וְלֹא עֲזָבוּנוּ חֲסָדֶיךְ
וְאַל תִּטְּשֵׁנוּ, יהוה אֱלֹהֵינוּ, לָנֶצַח.

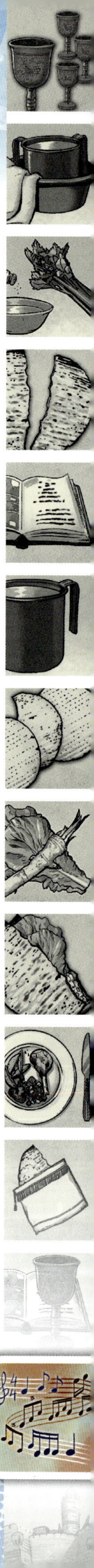

עַל כֵּן אֵבָרִים שֶׁפִּלַּגְתָּ בָּנוּ
וְרוּחַ וּנְשָׁמָה שֶׁנָּפַחְתָּ בְּאַפֵּנוּ, וְלָשׁוֹן אֲשֶׁר שַׂמְתָּ בְּפִינוּ
הֵן הֵם יוֹדוּ וִיבָרְכוּ וִישַׁבְּחוּ וִיפָאֲרוּ
וִירוֹמְמוּ וְיַעֲרִיצוּ וְיַקְדִּישׁוּ וְיַמְלִיכוּ אֶת שִׁמְךָ מַלְכֵּנוּ
כִּי כָל פֶּה לְךָ יוֹדֶה וְכָל לָשׁוֹן לְךָ תִשָּׁבַע
וְכָל בֶּרֶךְ לְךָ תִכְרַע וְכָל קוֹמָה לְפָנֶיךָ תִשְׁתַּחֲוֶה
וְכָל לְבָבוֹת יִירָאוּךָ וְכָל קֶרֶב וּכְלָיוֹת יְזַמְּרוּ לִשְׁמֶךָ
כַּדָּבָר שֶׁכָּתוּב
כָּל עַצְמֹתַי תֹּאמַרְנָה יהוה מִי כָמוֹךָ
מַצִּיל עָנִי מֵחָזָק מִמֶּנּוּ, וְעָנִי וְאֶבְיוֹן מִגֹּזְלוֹ:

מִי יִדְמֶה לָּךְ וּמִי יִשְׁוֶה לָּךְ וּמִי יַעֲרָךְ לָךְ
הָאֵל הַגָּדוֹל, הַגִּבּוֹר וְהַנּוֹרָא
אֵל עֶלְיוֹן, קוֹנֵה שָׁמַיִם וָאָרֶץ.
נְהַלֶּלְךָ וּנְשַׁבֵּחֲךָ וּנְפָאֶרְךָ וּנְבָרֵךְ אֶת שֵׁם קָדְשֶׁךָ
כָּאָמוּר: לְדָוִד, בָּרְכִי נַפְשִׁי אֶת־יהוה
וְכָל־קְרָבַי אֶת־שֵׁם קָדְשׁוֹ:
הָאֵל בְּתַעֲצוּמוֹת עֻזֶּךָ
הַגָּדוֹל בִּכְבוֹד שְׁמֶךָ
הַגִּבּוֹר לָנֶצַח וְהַנּוֹרָא בְּנוֹרְאוֹתֶיךָ
הַמֶּלֶךְ הַיּוֹשֵׁב עַל כִּסֵּא רָם וְנִשָּׂא

שׁוֹכֵן עַד

מָרוֹם וְקָדוֹשׁ שְׁמוֹ
וְכָתוּב
רַנְּנוּ צַדִּיקִים בַּיהוה
לַיְשָׁרִים נָאוָה תְהִלָּה:

בְּפִי יְשָׁרִים תִּתְהַלָּל
וּבְדִבְרֵי צַדִּיקִים תִּתְבָּרַךְ
וּבִלְשׁוֹן חֲסִידִים תִּתְרוֹמָם
וּבְקֶרֶב קְדוֹשִׁים תִּתְקַדָּשׁ

וּבְמַקְהֲלוֹת

רִבְבוֹת עַמְּךָ בֵּית יִשְׂרָאֵל
בְּרִנָּה יִתְפָּאַר שִׁמְךָ מַלְכֵּנוּ בְּכָל דּוֹר וָדוֹר
שֶׁכֵּן חוֹבַת כָּל הַיְצוּרִים
לְפָנֶיךָ יהוה אֱלֹהֵינוּ וֵאלֹהֵי אֲבוֹתֵינוּ
לְהוֹדוֹת, לְהַלֵּל, לְשַׁבֵּחַ, לְפָאֵר, לְרוֹמֵם
לְהַדֵּר, לְבָרֵךְ, לְעַלֵּה וּלְקַלֵּס
עַל כָּל דִּבְרֵי שִׁירוֹת וְתִשְׁבְּחוֹת
דָּוִד בֶּן יִשַׁי, עַבְדְּךָ מְשִׁיחֶךָ.

יִשְׁתַּבַּח

שִׁמְךָ לָעַד מַלְכֵּנוּ
הָאֵל הַמֶּלֶךְ הַגָּדוֹל וְהַקָּדוֹשׁ בַּשָּׁמַיִם וּבָאָרֶץ
כִּי לְךָ נָאֶה, יהוה אֱלֹהֵינוּ וֵאלֹהֵי אֲבוֹתֵינוּ
שִׁיר וּשְׁבָחָה, הַלֵּל וְזִמְרָה
עֹז וּמֶמְשָׁלָה, נֶצַח, גְּדֻלָּה וּגְבוּרָה
תְּהִלָּה וְתִפְאֶרֶת, קְדֻשָּׁה וּמַלְכוּת
בְּרָכוֹת וְהוֹדָאוֹת, מֵעַתָּה וְעַד עוֹלָם.
בָּרוּךְ אַתָּה יהוה, אֵל מֶלֶךְ גָּדוֹל בַּתִּשְׁבָּחוֹת
אֵל הַהוֹדָאוֹת, אֲדוֹן הַנִּפְלָאוֹת
הַבּוֹחֵר בְּשִׁירֵי זִמְרָה, מֶלֶךְ, אֵל, חֵי הָעוֹלָמִים.

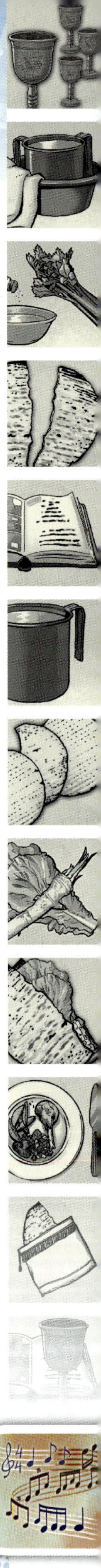

בָּרוּךְ אַתָּה יהוה, אֱלֹהֵינוּ מֶלֶךְ הָעוֹלָם בּוֹרֵא פְּרִי הַגָּפֶן.

בָּרוּךְ אַתָּה יהוה אֱלֹהֵינוּ מֶלֶךְ הָעוֹלָם
עַל הַגֶּפֶן וְעַל פְּרִי הַגֶּפֶן וְעַל תְּנוּבַת הַשָּׂדֶה
וְעַל אֶרֶץ חֶמְדָּה טוֹבָה וּרְחָבָה
שֶׁרָצִיתָ וְהִנְחַלְתָּ לַאֲבוֹתֵינוּ
לֶאֱכֹל מִפִּרְיָהּ וְלִשְׂבֹּעַ מִטּוּבָהּ.
רַחֵם נָא יהוה אֱלֹהֵינוּ עַל יִשְׂרָאֵל עַמֶּךָ
וְעַל יְרוּשָׁלַיִם עִירֶךָ וְעַל צִיּוֹן מִשְׁכַּן כְּבוֹדֶךָ
וְעַל מִזְבַּחֲךָ וְעַל הֵיכָלֶךָ.
וּבְנֵה יְרוּשָׁלַיִם עִיר הַקֹּדֶשׁ בִּמְהֵרָה בְיָמֵינוּ
וְהַעֲלֵנוּ לְתוֹכָהּ וְשַׂמְּחֵנוּ בְּבִנְיָנָהּ
וְנֹאכַל מִפִּרְיָהּ וְנִשְׂבַּע מִטּוּבָהּ
וּנְבָרֶכְךָ עָלֶיהָ בִּקְדֻשָּׁה וּבְטָהֳרָה.
(בשבת: וּרְצֵה וְהַחֲלִיצֵנוּ בְּיוֹם הַשַּׁבָּת הַזֶּה)
וְשַׂמְּחֵנוּ בְּיוֹם חַג הַמַּצּוֹת הַזֶּה
כִּי אַתָּה יהוה טוֹב וּמֵטִיב לַכֹּל, וְנוֹדֶה לְּךָ
עַל הָאָרֶץ וְעַל פְּרִי הַגָּפֶן/ אם היין מארץ ישראל: גַּפְנָהּ/.
בָּרוּךְ אַתָּה יהוה עַל הָאָרֶץ וְעַל פְּרִי הַגָּפֶן/ אם היין מארץ ישראל: גַּפְנָהּ/.

נרצה

חֲסַל סִדּוּר פֶּסַח

כְּהִלְכָתוֹ, כְּכָל מִשְׁפָּטוֹ וְחֻקָּתוֹ
כַּאֲשֶׁר זָכִינוּ לְסַדֵּר אוֹתוֹ, כֵּן נִזְכֶּה לַעֲשׂוֹתוֹ.
זָךְ שׁוֹכֵן מְעוֹנָה, קוֹמֵם קְהַל עֲדַת מִי מָנָה
קָרֵב נַהֵל נִטְעֵי כַנָּה, פְּדוּיִם לְצִיּוֹן בְּרִנָּה.

לַשָּׁנָה הַבָּאָה בִּירוּשָׁלָיִם.

בחוץ לארץ סופרים את ספירת העומר בליל יום טוב שני
(בתנאי שלא ספרו בבית הכנסת).

הִנְנִי מוּכָן וּמְזֻמָּן לְקַיֵּם מִצְוַת עֲשֵׂה שֶׁל סְפִירַת הָעֹמֶר. כְּמוֹ שֶׁכָּתוּב בַּתּוֹרָה וּסְפַרְתֶּם לָכֶם מִמָּחֳרַת הַשַּׁבָּת, מִיּוֹם הֲבִיאֲכֶם אֶת־עֹמֶר הַתְּנוּפָה, שֶׁבַע שַׁבָּתוֹת תְּמִימֹת תִּהְיֶינָה: עַד מִמָּחֳרַת הַשַּׁבָּת הַשְּׁבִיעִת תִּסְפְּרוּ חֲמִשִּׁים יוֹם, וְהִקְרַבְתֶּם מִנְחָה חֲדָשָׁה לַיהוה: וִיהִי נֹעַם אֲדֹנָי אֱלֹהֵינוּ עָלֵינוּ, וּמַעֲשֵׂה יָדֵינוּ כּוֹנְנָה עָלֵינוּ, וּמַעֲשֵׂה יָדֵינוּ כּוֹנְנֵהוּ:

בָּרוּךְ אַתָּה יהוה אֱלֹהֵינוּ מֶלֶךְ הָעוֹלָם, אֲשֶׁר קִדְּשָׁנוּ בְּמִצְוֹתָיו, וְצִוָּנוּ עַל סְפִירַת הָעֹמֶר.

הַיּוֹם יוֹם אֶחָד בָּעֹמֶר.

הָרַחֲמָן הוּא יַחֲזִיר לָנוּ עֲבוֹדַת בֵּית הַמִּקְדָּשׁ לִמְקוֹמָהּ בִּמְהֵרָה בְיָמֵינוּ, אָמֵן סֶלָה.

לסיום
פסח
סיימנו את סדר הפסח כהלכתו, לפי כל הכללים והחוקים.
כמו שזכינו לעשותו בביתנו, כן נזכה לעשותו במקדש בירושלים.
אלוהים, השוכן במעונו - ייתן תקומה לעמו.
ינהיג ויצמיח את ישראל ויעלם לציון ברינה.
לשנה הבאה
בירושלים הבנויה!

בחוץ לארץ אומרים את הפיוט הזה בליל הסדר הראשון בלבד.

וּבְכֵן וַיְהִי בַּחֲצִי הַלַּיְלָה

אָז רֹב נִסִּים הִפְלֵאתָ בַּלַּיְלָה
בְּרֹאשׁ אַשְׁמוּרוֹת זֶה הַלַּיְלָה
גֵּר צֶדֶק נִצַּחְתּוֹ, כְּנֶחֱלַק לוֹ לַיְלָה
וַיְהִי בַּחֲצִי הַלַּיְלָה

דַּנְתָּ מֶלֶךְ גְּרָר בַּחֲלוֹם הַלַּיְלָה
הִפְחַדְתָּ אֲרַמִּי בְּאֶמֶשׁ לַיְלָה
וְיִשְׂרָאֵל יָשַׂר לָאֵל, וַיּוּכַל לוֹ לַיְלָה
וַיְהִי בַּחֲצִי הַלַּיְלָה

זֶרַע בְּכוֹרֵי פַּתְרוֹס מָחַצְתָּ בַּחֲצִי הַלַּיְלָה
חֵילָם לֹא מָצְאוּ בְּקוּמָם בַּלַּיְלָה
טִיסַת נְגִיד חֲרֹשֶׁת סִלִּיתָ בְּכוֹכְבֵי לַיְלָה
וַיְהִי בַּחֲצִי הַלַּיְלָה

יָעַץ מְחָרֵף לְנוֹפֵף אִוּוּי, הוֹבַשְׁתָּ פְגָרָיו בַּלַּיְלָה
כָּרַע בֵּל וּמַצָּבוֹ בְּאִישׁוֹן לַיְלָה
לְאִישׁ חֲמוּדוֹת נִגְלָה רָז חֲזוֹת לַיְלָה
וַיְהִי בַּחֲצִי הַלַּיְלָה

מִשְׁתַּכֵּר בִּכְלֵי קֹדֶשׁ נֶהֱרַג בּוֹ בַּלַּיְלָה
נוֹשַׁע מִבּוֹר אֲרָיוֹת, פּוֹתֵר בִּעֲתוּתֵי לַיְלָה
שִׂנְאָה נָטַר אֲגָגִי, וְכָתַב סְפָרִים בַּלַּיְלָה
וַיְהִי בַּחֲצִי הַלַּיְלָה

עוֹרַרְתָּ נִצְחֲךָ עָלָיו בְּנֶדֶד שְׁנַת לַיְלָה
פּוּרָה תִדְרוֹךְ לְשׁוֹמֵר מַה מִלַּיְלָה
צָרַח כַּשּׁוֹמֵר, וְשָׂח אָתָא בֹקֶר וְגַם לַיְלָה
וַיְהִי בַּחֲצִי הַלַּיְלָה

קָרֵב יוֹם אֲשֶׁר הוּא לֹא יוֹם וְלֹא לַיְלָה
רָם הוֹדַע כִּי לְךָ הַיּוֹם אַף לְךָ הַלַּיְלָה
שׁוֹמְרִים הַפְקֵד לְעִירְךָ כָּל הַיּוֹם וְכָל הַלַּיְלָה
תָּאִיר כְּאוֹר יוֹם חֶשְׁכַת לַיְלָה
וַיְהִי בַּחֲצִי הַלַּיְלָה

ובכן ויהי בחצי הלילה:

אז רב נסים הפלאת בלילה,
בראש אשמורות זה הלילה,
גר צדק נצחתו, כנחלק לו לילה,
ויהי בחצי הלילה.

דנת מלך גרר בחלום הלילה,
הפחדת ארמי באמש לילה,
וישראל ישר לאל, ויוכל לו לילה,
ויהי בחצי הלילה.

זרע בכורי פתרוס מחצת בחצי הלילה,
חילם לא מצאו בקומם בלילה,
טיסת נגיד חרשת סלית בכוכבי לילה,
ויהי בחצי הלילה.

יעץ מחרף לנופף אווי, הובשת פגריו בלילה,
כרע בל ומצבו באישון לילה,
לאיש חמודות נגלה רז חזות לילה,
ויהי בחצי הלילה.

משתכר בכלי קדש נהרג בו בלילה,
נושע מבור אריות, פותר בעתותי לילה,
שנאה נטר אגגי, וכתב ספרים בלילה,
ויהי בחצי הלילה.

עוררת נצחך עליו בנדד שנת לילה,
פורה תדרך לשומר מה מלילה,
צרח כשומר, ושח אתא בקר וגם לילה,
ויהי בחצי הלילה.

קרב יום אשר הוא לא יום ולא לילה,
רם הודע כי לך היום אף לך הלילה,
שומרים הפקד לעירך כל היום וכל הלילה,
תאיר כאור יום חשכת לילה,
ויהי בחצי הלילה.

1 שמות י״ב, כט

בחוץ לארץ אומרים את הפיוט הזה בליל הסדר השני בלבד.

וּבְכֵן וַאֲמַרְתֶּם זֶבַח פֶּסַח

אֹמֶץ גְּבוּרוֹתֶיךָ הִפְלֵאתָ בַּפֶּסַח
בְּרֹאשׁ כָּל מוֹעֲדוֹת נִשֵּׂאתָ פֶּסַח
גִּלִּיתָ לְאֶזְרָחִי חֲצוֹת לֵיל פֶּסַח
וַאֲמַרְתֶּם זֶבַח פֶּסַח

דְּלָתָיו דָּפַקְתָּ כְּחֹם הַיּוֹם בַּפֶּסַח
הִסְעִיד נוֹצְצִים עֻגוֹת מַצּוֹת בַּפֶּסַח
וְאֶל הַבָּקָר, רָץ זֵכֶר לְשׁוֹר עֵרֶךְ פֶּסַח
וַאֲמַרְתֶּם זֶבַח פֶּסַח

זֹעֲמוּ סְדוֹמִים, וְלֹהֲטוּ בָּאֵשׁ בַּפֶּסַח
חֻלַּץ לוֹט מֵהֶם, וּמַצּוֹת אָפָה בְּקֵץ פֶּסַח
טִאטֵאתָ אַדְמַת מֹף וְנֹף בְּעָבְרְךָ בַּפֶּסַח
וַאֲמַרְתֶּם זֶבַח פֶּסַח

יָהּ, רֹאשׁ כָּל אוֹן מָחַצְתָּ בְּלֵיל שִׁמּוּר פֶּסַח
כַּבִּיר, עַל בֵּן בְּכוֹר פָּסַחְתָּ בְּדַם פֶּסַח
לְבִלְתִּי תֵּת מַשְׁחִית לָבֹא בִּפְתָחַי בַּפֶּסַח
וַאֲמַרְתֶּם זֶבַח פֶּסַח

מְסֻגֶּרֶת סֻגָּרָה בְּעִתּוֹתֵי פֶּסַח
נִשְׁמְדָה מִדְיָן בִּצְלִיל שְׂעוֹרֵי עֹמֶר פֶּסַח
שֹׂרְפוּ מִשְׁמַנֵּי פּוּל וְלוּד, בִּיקַד יְקוֹד פֶּסַח
וַאֲמַרְתֶּם זֶבַח פֶּסַח

עוֹד הַיּוֹם בְּנֹב לַעֲמֹד, עַד גָּעָה עוֹנַת פֶּסַח
פַּס יָד כָּתְבָה לְקַעֲקֵעַ צוּל בַּפֶּסַח
צָפֹה הַצָּפִית עָרוֹךְ הַשֻּׁלְחָן בַּפֶּסַח
וַאֲמַרְתֶּם זֶבַח פֶּסַח

קָהָל כִּנְּסָה הֲדַסָּה, צוֹם לְשַׁלֵּשׁ בַּפֶּסַח
רֹאשׁ מִבֵּית רָשָׁע מָחַצְתָּ בְּעֵץ חֲמִשִּׁים בַּפֶּסַח
שְׁתֵּי אֵלֶּה, רֶגַע תָּבִיא לְעוּצִית בַּפֶּסַח
תָּעֹז יָדְךָ, תָּרוּם יְמִינְךָ, כְּלֵיל הִתְקַדֵּשׁ חַג פֶּסַח
וַאֲמַרְתֶּם זֶבַח פֶּסַח

ובכן ואמרתם זבח פסח[1]

אמץ גבורותיך הפלאת בפסח,
בראש כל מועדות נשאת פסח,
גלית לאזרחי חצות ליל פסח,
ואמרתם זבח פסח.

דלתיו דפקת כחם היום בפסח,
הסעיד נוצצים עגות מצות בפסח,
ואל הבקר, רץ זכר לשור ערך פסח,
ואמרתם זבח פסח.

זעמו סדומים, ולהטו באש בפסח,
חלץ לוט מהם, ומצות אפה בקץ פסח,
טאטאת אדמת מף ונף בעברך בפסח,
ואמרתם זבח פסח.

יה, ראש כל און מחצת בליל שמור פסח,
כביר, על בן בכור פסחת בדם פסח,
לבלתי תת משחית לבא בפתחי בפסח,
ואמרתם זבח פסח.

מסגרת סגרה בעתותי פסח,
נשמדה מדין בצליל שעורי עמר פסח,
שרפו משמני פול ולוד, ביקד יקוד פסח,
ואמרתם זבח פסח.

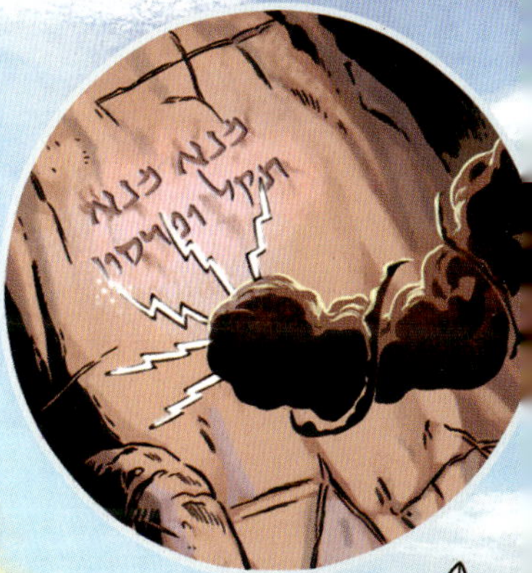

עוד היום בנב לעמד, עד געה עונת פסח,
פס יד כתבה לקעקע צול בפסח,
צפה הצפית ערוך השלחן בפסח,
ואמרתם זבח פסח.

קהל כנסה הדסה, צום לשלש בפסח,
ראש מבית רשע מחצת בעץ חמשים בפסח,
שתי אלה, רגע תביא לעוצית בפסח,
תעז ידך, תרום ימינך, כליל התקדש חג פסח,
ואמרתם:

[1] שמות י"ב, כז

כִּי לוֹ נָאֶה, כִּי לוֹ יָאֶה

אַדִּיר בִּמְלוּכָה בָּחוּר כַּהֲלָכָה גְּדוּדָיו יֹאמְרוּ לוֹ
לְךָ וּלְךָ, לְךָ כִּי לְךָ, לְךָ אַף לְךָ, לְךָ יהוה הַמַּמְלָכָה

כִּי לוֹ נָאֶה, כִּי לוֹ יָאֶה

דָּגוּל בִּמְלוּכָה הָדוּר כַּהֲלָכָה וָתִיקָיו יֹאמְרוּ לוֹ
לְךָ וּלְךָ, לְךָ כִּי לְךָ, לְךָ אַף לְךָ, לְךָ יהוה הַמַּמְלָכָה

כִּי לוֹ נָאֶה, כִּי לוֹ יָאֶה

זַכַּאי בִּמְלוּכָה חָסִין כַּהֲלָכָה טַפְסְרָיו יֹאמְרוּ לוֹ
לְךָ וּלְךָ, לְךָ כִּי לְךָ, לְךָ אַף לְךָ, לְךָ יהוה הַמַּמְלָכָה

כִּי לוֹ נָאֶה, כִּי לוֹ יָאֶה

יָחִיד בִּמְלוּכָה כַּבִּיר כַּהֲלָכָה לִמּוּדָיו יֹאמְרוּ לוֹ
לְךָ וּלְךָ, לְךָ כִּי לְךָ, לְךָ אַף לְךָ, לְךָ יהוה הַמַּמְלָכָה

כִּי לוֹ נָאֶה, כִּי לוֹ יָאֶה

מֶלֶךְ בִּמְלוּכָה נוֹרָא כַּהֲלָכָה סְבִיבָיו יֹאמְרוּ לוֹ
לְךָ וּלְךָ, לְךָ כִּי לְךָ, לְךָ אַף לְךָ, לְךָ יהוה הַמַּמְלָכָה

כִּי לוֹ נָאֶה, כִּי לוֹ יָאֶה

עָנָו בִּמְלוּכָה פּוֹדֶה כַּהֲלָכָה צַדִּיקָיו יֹאמְרוּ לוֹ
לְךָ וּלְךָ, לְךָ כִּי לְךָ, לְךָ אַף לְךָ, לְךָ יהוה הַמַּמְלָכָה

כִּי לוֹ נָאֶה, כִּי לוֹ יָאֶה

קָדוֹשׁ בִּמְלוּכָה רַחוּם כַּהֲלָכָה שִׁנְאַנָּיו יֹאמְרוּ לוֹ
לְךָ וּלְךָ, לְךָ כִּי לְךָ, לְךָ אַף לְךָ, לְךָ יהוה הַמַּמְלָכָה

כִּי לוֹ נָאֶה, כִּי לוֹ יָאֶה

תַּקִּיף בִּמְלוּכָה תּוֹמֵךְ כַּהֲלָכָה תְּמִימָיו יֹאמְרוּ לוֹ
לְךָ וּלְךָ, לְךָ כִּי לְךָ, לְךָ אַף לְךָ, לְךָ יהוה הַמַּמְלָכָה

כִּי לוֹ נָאֶה
כִּי לוֹ יָאֶה

כִּי לוֹ נָאֶה, כִּי לוֹ יָאֶה
אדיר במלוכה, בחור כהלכה, גדודיו יאמרו לו:
לך ולך, לך כי לך, לך אף לך, לך יהוה הממלכה, כי לו נאה, כי לו יאה!
דגול במלוכה, הדור כהלכה, ותיקיו יאמרו לו:
לך ולך, לך כי לך, לך אף לך, לך יהוה הממלכה, כי לו נאה, כי לו יאה!
זכאי במלוכה, חסין כהלכה, טפסריו יאמרו לו:
לך ולך, לך כי לך, לך אף לך, לך יהוה הממלכה, כי לו נאה, כי לו יאה!
יחיד במלוכה, כביר כהלכה, למודיו יאמרו לו:
לך ולך, לך כי לך, לך אף לך, לך יהוה הממלכה, כי לו נאה, כי לו יאה!
מלך במלוכה, נורא כהלכה, סביביו יאמרו לו:
לך ולך, לך כי לך, לך אף לך, לך יהוה הממלכה, כי לו נאה, כי לו יאה!
ענו במלוכה, פודה כהלכה, צדיקיו יאמרו לו:
לך ולך, לך כי לך, לך אף לך, לך יהוה הממלכה, כי לו נאה, כי לו יאה!
קדוש במלוכה, רחום כהלכה, שנאניו יאמרו לו:
לך ולך, לך כי לך, לך אף לך, לך יהוה הממלכה, כי לו נאה, כי לו יאה!
תקיף במלוכה, תומך כהלכה, תמימיו יאמרו לו:
לך ולך, לך כי לך, לך אף לך, לך יהוה הממלכה, כי לו נאה, כי לו יאה!

אַדִּיר הוּא

יִבְנֶה בֵּיתוֹ בְּקָרוֹב
בִּמְהֵרָה בִּמְהֵרָה
בְּיָמֵינוּ בְּקָרוֹב
אֵל בְּנֵה אֵל בְּנֵה
בְּנֵה בֵּיתְךְ בְּקָרוֹב

בָּחוּר הוּא גָּדוֹל הוּא דָּגוּל הוּא
הָדוּר הוּא וָתִיק הוּא זַכַּאי הוּא
חָסִיד הוּא טָהוֹר הוּא יָחִיד הוּא
כַּבִּיר הוּא לָמוּד הוּא מֶלֶךְ הוּא
נוֹרָא הוּא סַגִּיב הוּא עִזוּז הוּא
פּוֹדֶה הוּא צַדִּיק הוּא קָדוֹשׁ הוּא
רַחוּם הוּא שַׁדַּי הוּא תַּקִּיף הוּא

יִבְנֶה בֵּיתוֹ בְּקָרוֹב
בִּמְהֵרָה בִּמְהֵרָה
בְּיָמֵינוּ בְּקָרוֹב
אֵל בְּנֵה אֵל בְּנֵה
בְּנֵה בֵּיתְךְ בְּקָרוֹב

אדיר הוא

יבנה ביתו בקרוב
במהרה במהרה,
בימינו בקרוב
אל בנה אל בנה
בנה ביתך בקרוב

בחור הוא גדול הוא
דגול הוא

יבנה ביתו בקרוב
במהרה במהרה,
בימינו בקרוב
אל בנה אל בנה
בנה ביתך בקרוב

הדור הוא ותיק הוא
זכאי הוא

יבנה ביתו בקרוב
במהרה במהרה,
בימינו בקרוב
אל בנה אל בנה
בנה ביתך בקרוב

חסיד הוא טהור הוא
יחיד הוא

יבנה ביתו בקרוב
במהרה במהרה,
בימינו בקרוב
אל בנה אל בנה
בנה ביתך בקרוב

כביר הוא למוד הוא
מלך הוא

יבנה ביתו בקרוב
במהרה במהרה,
בימינו בקרוב
אל בנה אל בנה
בנה ביתך בקרוב

נורא הוא סגיב הוא
עזוז הוא

יבנה ביתו בקרוב
במהרה במהרה,
בימינו בקרוב
אל בנה אל בנה
בנה ביתך בקרוב

פודה הוא צדיק הוא
קדוש הוא

יבנה ביתו בקרוב
במהרה במהרה,
בימינו בקרוב
אל בנה אל בנה
בנה ביתך בקרוב

רחום הוא שדי הוא
תקיף הוא

יבנה ביתו בקרוב
במהרה במהרה,
בימינו בקרוב
אל בנה אל בנה
בנה ביתך בקרוב

אֶחָד מִי יוֹדֵעַ

אֶחָד אֲנִי יוֹדֵעַ
אֶחָד אֱלֹהֵינוּ שֶׁבַּשָּׁמַיִם וּבָאָרֶץ

שְׁנַיִם מִי יוֹדֵעַ   שְׁנַיִם אֲנִי יוֹדֵעַ
שְׁנֵי לוּחוֹת הַבְּרִית
אֶחָד אֱלֹהֵינוּ שֶׁבַּשָּׁמַיִם וּבָאָרֶץ

שְׁלוֹשָׁה מִי יוֹדֵעַ   שְׁלוֹשָׁה אֲנִי יוֹדֵעַ
שְׁלוֹשָׁה אָבוֹת שְׁנֵי לוּחוֹת הַבְּרִית
אֶחָד אֱלֹהֵינוּ שֶׁבַּשָּׁמַיִם וּבָאָרֶץ

אַרְבַּע מִי יוֹדֵעַ   אַרְבַּע אֲנִי יוֹדֵעַ
אַרְבַּע אִמָּהוֹת   שְׁלוֹשָׁה אָבוֹת
שְׁנֵי לוּחוֹת הַבְּרִית
אֶחָד אֱלֹהֵינוּ שֶׁבַּשָּׁמַיִם וּבָאָרֶץ

חֲמִשָּׁה מִי יוֹדֵעַ   חֲמִשָּׁה אֲנִי יוֹדֵעַ
חֲמִשָּׁה חֻמְשֵׁי תוֹרָה
אַרְבַּע אִמָּהוֹת   שְׁלוֹשָׁה אָבוֹת
שְׁנֵי לוּחוֹת הַבְּרִית
אֶחָד אֱלֹהֵינוּ שֶׁבַּשָּׁמַיִם וּבָאָרֶץ

שִׁשָּׁה מִי יוֹדֵעַ   שִׁשָּׁה אֲנִי יוֹדֵעַ
שִׁשָּׁה סִדְרֵי מִשְׁנָה
חֲמִשָּׁה חֻמְשֵׁי תוֹרָה
אַרְבַּע אִמָּהוֹת   שְׁלוֹשָׁה אָבוֹת
שְׁנֵי לוּחוֹת הַבְּרִית
אֶחָד אֱלֹהֵינוּ שֶׁבַּשָּׁמַיִם וּבָאָרֶץ

שִׁבְעָה מִי יוֹדֵעַ   שִׁבְעָה אֲנִי יוֹדֵעַ
שִׁבְעָה יְמֵי שַׁבַּתָּא
שִׁשָּׁה סִדְרֵי מִשְׁנָה   חֲמִשָּׁה חֻמְשֵׁי תוֹרָה
אַרְבַּע אִמָּהוֹת   שְׁלוֹשָׁה אָבוֹת
שְׁנֵי לוּחוֹת הַבְּרִית
אֶחָד אֱלֹהֵינוּ שֶׁבַּשָּׁמַיִם וּבָאָרֶץ

אחד
מי יודע?
אחד
אני יודע!
אחד
אלוהינו שבשמים
ובארץ.
שנים
מי יודע?
שנים
אני יודע!
שני
לוחות
הברית...
אנכי
לא יהיה
לא תעשה
לא תשא
זכור
כבד
לא תרצח
לא תנאף
לא תגנב
לא תענה
לא תחמד
אחד אלוהינו שבשמים ובארץ.
שלושה
מי יודע?
שלושה
אני יודע!
שלושה
אבות...
2
אחד אלוהינו שבשמים ובארץ.
ארבע מי
יודע?
ארבע
אני יודע!
ארבע
אמהות...
2 , 3
אחד אלוהינו שבשמים ובארץ.
חמישה
מי יודע?
חמישה
אני יודע!
חמישה
חומשי
תורה...
2 , 3 , 4
אחד אלוהינו שבשמים ובארץ.
שישה
מי יודע?
שישה
אני יודע!
שישה
סדרי
משנה...
נשים
טהרות
זרעים
קדשים
מועד
נזיקין
5
2 , 3 , 4
אחד אלוהינו שבשמים ובארץ.
שבעה
מי יודע?
שבעה
אני יודע!
שבעה
ימי שבתא...
5 , 6
2 , 3 , 4
אחד אלוהינו שבשמים ובארץ.

שְׁמוֹנָה מִי יוֹדֵעַ   שְׁמוֹנָה אֲנִי יוֹדֵעַ
שְׁמוֹנָה יְמֵי מִילָה   שִׁבְעָה יְמֵי שַׁבְּתָא
שִׁשָּׁה סִדְרֵי מִשְׁנָה   חֲמִשָּׁה חֻמְשֵׁי תוֹרָה
אַרְבַּע אִמָּהוֹת שְׁלוֹשָׁה אָבוֹת   שְׁנֵי לוּחוֹת הַבְּרִית
אֶחָד אֱלֹהֵינוּ שֶׁבַּשָּׁמַיִם וּבָאָרֶץ

תִּשְׁעָה מִי יוֹדֵעַ   תִּשְׁעָה אֲנִי יוֹדֵעַ
תִּשְׁעָה יַרְחֵי לֵדָה   שְׁמוֹנָה יְמֵי מִילָה
שִׁבְעָה יְמֵי שַׁבְּתָא   שִׁשָּׁה סִדְרֵי מִשְׁנָה
חֲמִשָּׁה חֻמְשֵׁי תוֹרָה   אַרְבַּע אִמָּהוֹת
שְׁלוֹשָׁה אָבוֹת   שְׁנֵי לוּחוֹת הַבְּרִית
אֶחָד אֱלֹהֵינוּ שֶׁבַּשָּׁמַיִם וּבָאָרֶץ

עֲשָׂרָה מִי יוֹדֵעַ   עֲשָׂרָה אֲנִי יוֹדֵעַ
עֲשָׂרָה דִבְּרַיָּא   תִּשְׁעָה יַרְחֵי לֵדָה
שְׁמוֹנָה יְמֵי מִילָה   שִׁבְעָה יְמֵי שַׁבְּתָא
שִׁשָּׁה סִדְרֵי מִשְׁנָה   חֲמִשָּׁה חֻמְשֵׁי תוֹרָה
אַרְבַּע אִמָּהוֹת   שְׁלוֹשָׁה אָבוֹת
שְׁנֵי לוּחוֹת הַבְּרִית
אֶחָד אֱלֹהֵינוּ שֶׁבַּשָּׁמַיִם וּבָאָרֶץ

אַחַד עָשָׂר מִי יוֹדֵעַ   אַחַד עָשָׂר אֲנִי יוֹדֵעַ
אַחַד עָשָׂר כּוֹכְבַיָּא   עֲשָׂרָה דִבְּרַיָּא
תִּשְׁעָה יַרְחֵי לֵדָה   שְׁמוֹנָה יְמֵי מִילָה
שִׁבְעָה יְמֵי שַׁבְּתָא   שִׁשָּׁה סִדְרֵי מִשְׁנָה
חֲמִשָּׁה חֻמְשֵׁי תוֹרָה   אַרְבַּע אִמָּהוֹת
שְׁלוֹשָׁה אָבוֹת   שְׁנֵי לוּחוֹת הַבְּרִית
אֶחָד אֱלֹהֵינוּ שֶׁבַּשָּׁמַיִם וּבָאָרֶץ

שְׁנֵים עָשָׂר מִי יוֹדֵעַ   שְׁנֵים עָשָׂר אֲנִי יוֹדֵעַ
שְׁנֵים עָשָׂר שִׁבְטַיָּא   אַחַד עָשָׂר כּוֹכְבַיָּא
עֲשָׂרָה דִבְּרַיָּא   תִּשְׁעָה יַרְחֵי לֵדָה
שְׁמוֹנָה יְמֵי מִילָה   שִׁבְעָה יְמֵי שַׁבְּתָא
שִׁשָּׁה סִדְרֵי מִשְׁנָה   חֲמִשָּׁה חֻמְשֵׁי תוֹרָה
אַרְבַּע אִמָּהוֹת   שְׁלוֹשָׁה אָבוֹת   שְׁנֵי לוּחוֹת הַבְּרִית
אֶחָד אֱלֹהֵינוּ שֶׁבַּשָּׁמַיִם וּבָאָרֶץ

שְׁלוֹשָׁה עָשָׂר מִי יוֹדֵעַ   שְׁלוֹשָׁה עָשָׂר אֲנִי יוֹדֵעַ
שְׁלוֹשָׁה עָשָׂר מִדַּיָּא   שְׁנֵים עָשָׂר שִׁבְטַיָּא
אַחַד עָשָׂר כּוֹכְבַיָּא   עֲשָׂרָה דִבְּרַיָּא
תִּשְׁעָה יַרְחֵי לֵדָה   שְׁמוֹנָה יְמֵי מִילָה
שִׁבְעָה יְמֵי שַׁבְּתָא   שִׁשָּׁה סִדְרֵי מִשְׁנָה
חֲמִשָּׁה חֻמְשֵׁי תוֹרָה   אַרְבַּע אִמָּהוֹת
שְׁלוֹשָׁה אָבוֹת   שְׁנֵי לוּחוֹת הַבְּרִית
אֶחָד אֱלֹהֵינוּ שֶׁבַּשָּׁמַיִם וּבָאָרֶץ

שמונה מי יודע?
שמונה אני יודע!
שמונה ימי מילה...
אחד אלוהינו שבשמים ובארץ.
תשעה מי יודע?
תשעה אני יודע!
תשעה ירחי לידה...
אחד אלוהינו שבשמים ובארץ.
עשרה מי יודע?
עשרה אני יודע!
עשרה דבריא...
אחד אלוהינו שבשמים ובארץ.
אחד עשר מי יודע?
אחד עשר אני יודע!
אחד עשר כוכביא...
אחד אלוהינו שבשמים ובארץ.
שנים עשר מי יודע?
שנים עשר אני יודע!
שנים עשר שבטיא...
אחד אלוהינו שבשמים ובארץ.
שלושה עשר מי יודע?
שלושה עשר אני יודע!
שלושה עשר מדיא...
אחד אלוהינו שבשמים ובארץ.

חַד גַּדְיָא
חַד גַּדְיָא

דִּזְבַן אַבָּא בִּתְרֵי זוּזֵי
חַד גַּדְיָא   חַד גַּדְיָא

וַאֲתָא שׁוּנְרָא   וְאָכְלָה לְגַדְיָא
דִּזְבַן אַבָּא בִּתְרֵי זוּזֵי
חַד גַּדְיָא   חַד גַּדְיָא

וַאֲתָא כַלְבָּא וְנָשַׁךְ לְשׁוּנְרָא דְּאָכְלָה לְגַדְיָא
דִּזְבַן אַבָּא בִּתְרֵי זוּזֵי
חַד גַּדְיָא   חַד גַּדְיָא

וַאֲתָא חֻטְרָא וְהִכָּה לְכַלְבָּא דְּנָשַׁךְ לְשׁוּנְרָא
דְּאָכְלָה לְגַדְיָא
דִּזְבַן אַבָּא בִּתְרֵי זוּזֵי
חַד גַּדְיָא   חַד גַּדְיָא

וַאֲתָא נוּרָא וְשָׂרַף לְחֻטְרָא דְּהִכָּה לְכַלְבָּא
דְּנָשַׁךְ לְשׁוּנְרָא   דְּאָכְלָה לְגַדְיָא
דִּזְבַן אַבָּא בִּתְרֵי זוּזֵי
חַד גַּדְיָא   חַד גַּדְיָא

וַאֲתָא מַיָּא   וְכָבָה לְנוּרָא   דְּשָׂרַף לְחֻטְרָא
דְּהִכָּה לְכַלְבָּא   דְּנָשַׁךְ לְשׁוּנְרָא
דְּאָכְלָה לְגַדְיָא
דִּזְבַן אַבָּא בִּתְרֵי זוּזֵי
חַד גַּדְיָא   חַד גַּדְיָא

וַאֲתָא תּוֹרָא   וְשָׁתָה לְמַיָּא   דְּכָבָה לְנוּרָא
דְּשָׂרַף לְחֻטְרָא   דְּהִכָּה לְכַלְבָּא
דְּנָשַׁךְ לְשׁוּנְרָא   דְּאָכְלָה לְגַדְיָא
דִּזְבַן אַבָּא בִּתְרֵי זוּזֵי
חַד גַּדְיָא   חַד גַּדְיָא

וַאֲתָא הַשּׁוֹחֵט   וְשָׁחַט לְתוֹרָא
דְּשָׁתָא לְמַיָּא   דְּכָבָה לְנוּרָא
דְּשָׂרַף לְחֻטְרָא   דְּהִכָּה לְכַלְבָּא
דְּנָשַׁךְ לְשׁוּנְרָא
דְּאָכְלָה לְגַדְיָא
דִּזְבַן אַבָּא בִּתְרֵי זוּזֵי
חַד גַּדְיָא   חַד גַּדְיָא

ואתא שונרא, ואכלה לגדיא,
דזבן אבא בתרי זוזי,
חד גדיא, חד גדיא.

ואתא כלבא,
ונשך לשונרא,
דאכלה לגדיא,
דזבן אבא בתרי זוזי,
חד גדיא, חד גדיא.

ואתא חוטרא, והכה לכלבא,
דנשך לשונרא,
דאכלה לגדיא,
דזבן אבא בתרי זוזי,
חד גדיא, חד גדיא.

ואתא נורא, ושרף לחוטרא,
דהכה לכלבא,
דנשך לשונרא, דאכלה לגדיא,
דזבן אבא בתרי זוזי,
חד גדיא, חד גדיא.

ואתא מיא, וכבה לנורא,
דשרף לחוטרא, דהכה לכלבא,
דנשך לשונרא, דאכלה לגדיא,
דזבן אבא בתרי זוזי,
חד גדיא, חד גדיא.

ואתא תורא, ושתה למיא,
דכבה לנורא, דשרף לחוטרא,
דהכה לכלבא, דנשך לשונרא,
דאכלה לגדיא,
דזבן אבא בתרי זוזי,
חד גדיא, חד גדיא.

ואתא השוחט, ושחט לתורא,
דשתא למיא,
דכבה לנורא, דשרף לחוטרא,
דהכה לכלבא, דנשך לשונרא,
דאכלה לגדיא,
דזבן אבא בתרי זוזי,
חד גדיא, חד גדיא.

וַאֲתָא מַלְאַךְ הַמָּוֶת
וְשָׁחַט לְשׁוֹחֵט דְּשָׁחַט לְתוֹרָא
דְּשָׁתָא לְמַיָּא דְּכָבָה לְנוּרָא
דְּשָׂרַף לְחֻטְרָא
דְּהִכָּה לְכַלְבָּא
דְּנָשַׁךְ לְשׁוּנְרָא דְּאָכְלָה לְגַדְיָא
דִּזְבַן אַבָּא בִּתְרֵי זוּזֵי
חַד גַּדְיָא חַד גַּדְיָא

וַאֲתָא הַקָּדוֹשׁ בָּרוּךְ הוּא
וְשָׁחַט לְמַלְאַךְ הַמָּוֶת
דְּשָׁחַט לְשׁוֹחֵט
דְּשָׁחַט לְתוֹרָא דְּשָׁתָא לְמַיָּא
דְּכָבָה לְנוּרָא דְּשָׂרַף לְחֻטְרָא
דְּהִכָּה לְכַלְבָּא
דְּנָשַׁךְ לְשׁוּנְרָא דְּאָכְלָה לְגַדְיָא
דִּזְבַן אַבָּא בִּתְרֵי זוּזֵי

ואתא מלאך המוות, ושחט לשוחט,
דשחט לתורא, דשתא למיא,
דכבה לנורא, דשרף לחוטרא,
דהכה לכלבא, דנשך לשונרא,
דאכלה לגדיא,
דזבן אבא בתרי זוזי.
חד גדיא,
חד גדיא.
ואתא...
הקדוש
ברוך הוא...
ושחט
למלאך המוות...
דשחט לשוחט, דשחט לתורא,
דשתא למיא, דכבה לנורא,
דשרף לחוטרא, דהכה לכלבא,
דנשך לשונרא, דאכלה לגדיא,
דזבן אבא בתרי זוזי...

חַד גַּדְיָא

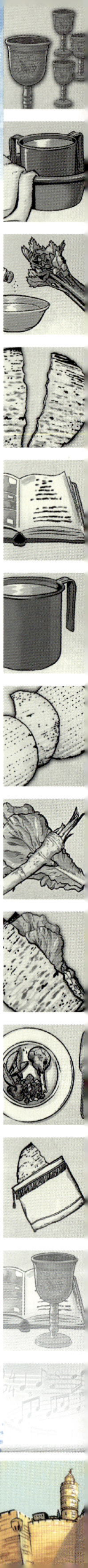

חד גדיא...

חַד גַּדְיָא

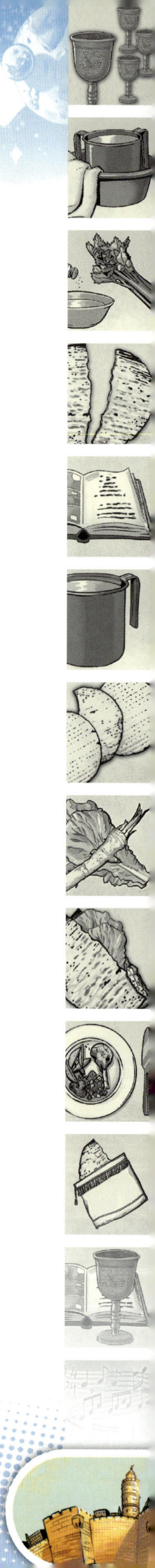

חד גדיא.

אנו מודים מקרב לב
לשותפינו הנדיבים

**אהובה, נתן, גבריאלה
ואליענה דינר**

האמון הרב והרוח החיה שלהם
אפשרו את הפקת ההגדה

בהערכה עמוקה
לתומכינו הנדיבים

התלהבותכם וחכמתכם
מעוררי השראה

יהודית וירחמיאל לובל

לזכר סוזי ולילי הסדר המקסימים שלה

אפרים, יעל, טליה, מקסים ויעקב הלאס

יהודה ויונינה בסט

Stu Weis
Herb & Marsha Williams
The Zagorin Family

BITTER HERBS PLEDGE

Shira Auman
Rafi Allman
David & Sarah Barak
Bruce, Tammy, Jacob, Tyler & Brett Barney
Ken Becker
Steven M. Bergson
Judy Berkowitz
George & Barbara Blumenthal
Shanie & Bill Bokor
Myron & Esther (Bramson) Chaitovsky
Comikaza
The Cooperberg Family
Anonymous
Sholly Fisch
The Ford Family
Susan Frankel
David Goldstein
Karen Green
Rachel Gross
Rabbi Y. Hain
Ariyai Halevi
Michelle & Yehudah Hampel
Refael Hileman
Anonymous
Dov Hoschander
Zachary Katz
The Klarman Family
Jamie Kreiman
James & Ann Lapin and Family
Nina Lehman
Naomi Levi
Allan Lewis
David Mandelbrot & Family
David Marshak, Nicole Sanders, Ellis & Willa
Caryn, David, Penina, Daniella, Ayala & Noa "Butterball" Meltz
Marc Aaron Melzer
John Nee
Eitan Netter
Etzion Neuer
Elisha Olivestone
Esther & Naftali Olivestone
Erin Piateski
Matan Rob
Kelly Na'amah Rickard
Sandie & Arthur Rosenthol
Avi Rovinsky
Benjamin A. Shiller
Alana Shultz
Lynda Sohl
Lenny & Gillian Solomon
Abba & Sarah Spero
Rachel & Yitzy Spinner
Adam Staffaroni & Heather Einhorn
Scott & Beth Wachter
Dovid Wadler
Rabbi Jason and Laura Weiner
David Weinman
David N. Weiss
Louis Weiss

EGG PLEDGE

Robert Greenberger
Jay Kogan
Neuriel & Neelie Shore
Martin Winnick

SHANKBONE PLEDGE

Phil Baron
Sam & Marcia Glaser
Laura Gooch
Arnon & Talia Shorr
Leah Zigmond

NIRTZA PLEDGE

Adar Darnov
Joseph Illidge
Keith Nelson
Azzan and Navon Stein Hain
Anonymous

TO SUPPORT THIS AND FUTURE JEWISH GRAPHIC NOVEL PRODUCTIONS

please visit www.JewishCartoon.com/passover.

Donations are tax deductible pursuant to IRS code 501(c)(3).

AFIKOMAN PLEDGE

Shawni, Jeff, Sasha & Caleb Astrof

FOUR QUESTIONS PLEDGE

David A. Greenberg & Susan E. Hodge

The Rimm-Kaufman Family

SEDER PLATE PLEDGE

AJ Frost

Daniel Max

MATZAH BALL SOUP PLEDGE

David Lonner

Ronnie & Andrew Schonzeit

KIDDUSH CUP PLEDGE

The Aronstam Family

Noah & Sandy Blumofe

Meshullam & Elene Feigenbaum

Karen & Harry Fisch

Michael Highness

Anonymous

Danielle & Steven Kupferman

Jane & Jordan Lefko

The Offer Family

Vicki-Bluma & Neil Olesky
in honor of our daughter Hyla

Leonard Rosenthol

Vladik Sandler

Arnon & Talia Shorr

Rabbi David N. Young

MATZAH PLEDGE

Anonymous

Evan & Alison Anziska and Family

Fred & Cathy Berkowitz

Bill & Carol Bruml

Lawrence & Barbara Cohan

Anonymous

The Chusid Family

Aliza Gilbert

Dr. Joel & Dana Gorfinkel

Rabbi Jerold & Jocelyn Isenberg

Yonina Jacobs

Ari H. & Marlyn Jaffe

Rabbi Daniel Korobkin

Ann Nonimus

Ceil & David Olivestone

Jeffrey L. Rubenstein

Justin & Jessica Rubin

Jay Salwen

Debby Sprechman

Shonney & Mendel Tropper

Meir Weingarten

Yochi Werner

KARPAS PLEDGE

Rabbi Joel N. Abraham

Daphna, Ben, David & Joshua Gerendash

Will Lennon & Shari Helft Lennon

Rabbi Marc Levine

Michael S. Miller, PhD, MD

Kendall Rodgers

Rabbi Dean Shapiro

Larry Yudelson

CHAROSET PLEDGE

Ronda Arking

Binyamin Besser

Lee Blum

Yosef Greenberger

Lisa Halberstam

Cory Hecht

Lisa Klink

Ari, Julie, Simona, Jonah & Ruby Lewis

Marifran & Dennis O'Neil

Joanne Rosen

Elie & Marni Saltzman

Anonymous

Paula Shoyer

David & Rochell Weisfogel

Rabbi David & Judy Weiss

The Passover Haggadah Graphic Novel is a sponsored project of the New York Foundation for the Arts

ג׳ורדן ב׳ גורפינקל
יוצר, כותב ומפיק

ארז צדוק
מאייר ויוצר קומיקס

דוד אוליבסטון
יועץ בכיר

רוב ליי
לטרינג

צפורה גינצבורג
מנהלת ייצור ועיצוב

קרן מלץ
עורכת

הרב ברוך בן מאיר ז״ל הלוי וויסאצקי
הרב משה ברגר
אריאל שטיין
ייעוץ אקדמי

אליסון גרונוויץ
מנהלת פרויקט

רוברט גרינברגר
מנהל הייצור

ג׳וש בייטמן
פאבריס סאפולסקי
יועצי עיצוב

ווין פושר
בוב ווייאצ׳ק
תוספת אינקינג

אריה חיים סלובי
קליגרפיה

Sean Altman • Edward Best • AJ Frost • Rabbi Melvin Granatstein • Daniela Levi • Rabbi Daniel Korobkin • Dave Matkowsky • Rabbi Elazar Muskin, Young Israel of Century City • Jesse Orenshein • David Sacks • Rabbi Neil N. Winkler • Joseph Gelles

Advisors

Appreciation to: Amy, Ashira, Eliana, Noam & Ori Gorfinkel • Lina & May Ze'ela Zadok • Binyomin, Tzvi, Esther, Chaim Meir, Shira & Shlomo Ginzberg • Congregation Adat Yeshurun "The Comic-con Shul", LaJolla, CA • David Arnow & Rabbi Lawrence Hoffman • Michael Bandler • Beer Family • Congregation Beth Jacob, Los Angeles • Chabad of San Diego • Ben Claar • Rebecca & Jeff Coen • Yafit & Moshe Cohn • Heather Einhorn & Adam Staffaroni • Barbara & Sy Eisenberg • Stephanie Paige Fischer • Ronalee & Russell Galbut • Miriam & Jerry Goldstein • The Good Guys • Dana & Joel Gorfinkel • "Rabbi" Maxwell House • Lynn Johnston • Eliana Leder, Emily Kaiman & Ramah Darom • Michael Lustig & Rachel Brody • Debra Melamed • NSN: The Nachum Segal Network • John Ordover • Debbie & Avner Parnes • Ginger & Roy Pinchot • Rabbi Yosef Zvi Rimon • Gary Rosenblatt & the New York Jewish Week • Tammy & Joel Rubin • Rabbi Lord Jonathan Sacks • Ronnie & Andrew Schonzeit and Family • Shuli & Avi Steinlauf • Hindy & Ruben Taub and Family • Scott Wachter • Meir Weingarten • Noam Zion • Paul Levitz, Mike Carlin, Dennis O'Neil, Scott J. Peterson, Darren Vincenzo, Archie Goodwin (of blessed memory), Mark Chiarello, Jack Mahan & DC Comics

Seasons Catsup
Official Food of the Passover Haggadah Graphic Novel

In coordination with Jewish Creativity International:
Robert Goldfarb - President
Julia Matua - Bookkeeper

Ki Lo Naeh translation by Rabbi Burton Visotzky, used with permission of the author

Hakarat Hatov to the Gorfinkel, Zadok & Ginzberg spouses and children for their support throughout all the long days and all nighters.

At Koren, thanks to Matthew Miller, Yehoshua Miller, Avishai Magence, Eliyahu Misgav and particularly Tani Bayer.

Very special thanks to Charles Kochman & Rachel Birnboim, Tzvi Mauer, Rutu Modan, and the supper queue at Limmud Conference UK.

Sincere apologies to anyone whom we inadvertently overlooked; we welcome corrections for future editions.

ג'ורדן ב' גוֹרפינקל, הידוע בכינויו "גוֹרף", הוא מאייר, מוסיקאי, סופר, מפיק, בעל ואב גאה לארבעה ילדים. במשך כעשור, גורף שימש כמנהל ועורך "באטמן" בחברת DC קומיקס, ופועלו היווה השראה רבה לסדרות טלויזיה, סרטים, משחקים ועוד. הסטודיו של גורף, Avalanche קומיקס, מייצר תוכן בהזמנה אישית עבור תאגידים, עמותות, חברות בידור ופנאי.

כמאייר, גורף יוצר סטריפ קומיקס שבועי קבוע המתפרסם באתר JewishCartoon.com, בעיתונות ובעוד מבחר אתרים אונליין.

משתתפים רבים, בגילאים שונים ומרקעים מגוונים, מגיעים לסדנה שלו - "יהדות מאויירת", שבה מאיירים קומיקס המתבסס על פרשת השבוע וההלכות השונות מאורח החיים היהודי. עם סיומה, גורף מקבץ את האיורים הללו לספר קומיקס ממנו כולם יכולים ללמוד ולהנות.

גורף מעביר הרצאות בבתי כנסת, בלילי הסדר ובאירועי התרמה.

בצד המוזיקלי, גורף מנהל ומופיע במקהלה הוואקלית "קול זמרה", המבצעת שירים פופולריים בלועזית ובעברית, ומובילה בתחום התפילות האינטראקטיביות והבידור רוחני באירועים יהודיים בארה"ב, בישראל וברחבי העולם.

גורף הוציא מספר אלבומים וקטעי וידאו וביניהם "Voices for Israel" לאירוע ההתרמה לנפגעי טרור. הוא הופיע בכל העולם, כולל פעמיים במסיבת החנוכה בבית הלבן.

צרו קשר עם גורף: Gorf@JewishCartoon.com

www.gorfy.com

Facebook, Instagram, Twitter: @JewishCartoon

ארז צדוק הוא אמן קומיקס, מאייר וקריקטוריסט. לאחר סיום לימודיו האקדמאיים במחלקה לתקשורת חזותית ב"בצלאל", ארז זכה להכרה נרחבת בעקבות פרוייקט הגמר האוטוביוגרפי בקומיקס, "טרנקילו", וספר הקומיקס לילדים -"מיקו בל: נער השיקויים". שיתוף הפעולה הראשון של ארז וגורף, יחד עם היוצר המוערך בוץ' הארטמן ("קסם של הורים", ערוץ ניקלודיאון), הביא ליצירת סדרת הקומיקס האמריקאית המקורית O'CLOCK 3 CLUB בהוצאת LION FORGE COMICS.

אחת לשבוע ארז מעדכן את עמוד האינסטגרם שלו בסטריפ קומיקס בסדרת "BUNDLE OF JOYA" העוסקת בחוויות ההורות השונות והמשעשעות ובחיי היומיום לצד כלבתו זהובת השיער, ג'ויה.

ארז גר בישראל עם אשתו, לינה, וביתו מאי צאלה. (וג'ויה, הכלבה).

צרו קשר עם ארז: Erezadok86@gmail.com

אינסטגרם: Erezadok@ פייסבוק: Erez Zadok

דוד אוליבסטון עבד בעולם הדפוס במשך כל הקריירה שלו. הוא נולד בלונדון ושימש באנגליה בישראל ובארה"ב בתפקידים מגוונים כעורך ומפיק ספרים. בין המקומות שבהם עבד: המוזיאון הבריטי, אנציקלופדיה יודיאיקה והOU בניו יורק, שם שימש כמנהל התקשורת למעלה מעשור.

דוד ערך ותירגם את הברכון המפורסם של ה NCSY, ברכון פופולרי ביותר לשימוש פרטי, בחתונות, חגיגות בר ובת מצוה ובאירועים אחרים.

כיום גר דוד בירושלים עם אשתו סיל ויחד הם כתבו את ספר הילדים LET'S GO TO SYNAGOGUE. דוד ממשיך לייצר ספרים ואף פרסם כתבות רבות בתחום היהדות - בעיקר בנושא החזנות שאותו הוא חובב מאד.

צרו קשר עם דוד: David@olivestone.net

פייסבוק: David Olivestone

תני בייער
עיצוב

דניאל גדלביץ'
עימוד קומיקס

רינה בן-גל
עימוד טקסט רץ

אליהו משגב
יועץ עיצובי

הרב דוד פוקס
עורך תוכן

הרב ינון חן
עורך תוכן

יוני לביא
עברית מדוברת

עדינה לובר
תרגום ההוראות

אבישי מגנצא
הפקה

כנגד ארבעה דורות דיברה תורה: